dtv

»Vielfach, wie's die Not gebot, illustrierte ich dann neben eigenen auch fremde Texte. Bald aber meint ich, ich müßt halt alles selber machen. Die Situationen gerieten in Fluß und gruppierten sich zu kleinen Bildergeschichten, denen größere gefolgt sind.« Mit solch knappen Worten schildert Wilhelm Busch seinen beruflichen Werdegang von den Anfängen bei den ›Fliegenden Blättern‹ bis zum erfolgreichen Autor von ›Max und Moritz‹ und vielen weiteren Publikationen für Kinder und Erwachsene. Doch war es ein kurvenreicher Weg vom engen und strengen Elternhaus über die lehrreichen Kindheitsjahre bei seinem Onkel Pastor Georg Kleine, die Versuche in Düsseldorf, Antwerpen und München Malerei zu studieren, bis zum bekannten Zeichner. Michaela Diers schildert das Leben von Wilhelm Busch, erläutert, auch anhand zahlreicher Illustrationen, die zentralen Themen seines Werkes und macht deutlich, daß Busch nicht nur der genaue Beobachter menschlicher Schwächen war, sondern mehr noch ein empfindsamer, verschlossener und zwiespältiger Mensch, der »sich gegen eine fragwürdige Weltverfassung wehrte und doch nicht von ihr loskam« (Fritz Martini).

Michaela Diers, geboren 1956 in Mannheim, studierte Germanistik und Mittelalterliche Geschichte in Freiburg. Sie arbeitet als freie Autorin und in der Erwachsenenbildung. Veröffentlichungen u. a.: ›Bernhard von Clairvaux. Elitäre Frömmigkeit und begnadetes Wissen‹; ›Das lächelnde Lebendige. Frauen, Visionen und Mystik‹; ›Hildegard von Bingen‹; ›Bettine von Arnim‹; ›Mystik. Ein Lesebuch für Nachdenkliche‹; ›Ich weiß nicht, ob ich bange. Ein Lesebuch für Nachdenkliche‹.

MICHAELA DIERS

WILHELM BUSCH

Leben und Werk

Deutscher Taschenbuch Verlag

Von Michaela Diers im Deutschen Taschenbuch Verlag lieferbar:

Mystik. Ein Lesebuch für Nachdenkliche (dtv 30867)
Hildegard von Bingen (dtv 31008)

Originalausgabe
Januar 2008
Deutscher Taschenbuch Verlag GmbH & Co.KG
München
www.dtv.de
© 2007 Deutscher Taschenbuch Verlag GmbH & Co.KG
München
Das Werk ist urheberrechtlich geschützt.
Sämtliche, auch auszugsweise Verwertungen bleiben vorbehalten.
Umschlagkonzept: Balk & Brumshagen
Umschlagbilder: ullstein-bild (Porträt), akg-images (Illustrationen)
Satz: Greiner & Reichel, Köln
Gesetzt aus der Palatino Light 10/12,75˙
Druck und Bindung: Firmengruppe APPL, aprinta druck, Wemding
Gedruckt auf säurefreiem, chlorfrei gebleichtem Papier
Printed in Germany · ISBN 978-3-423-34452-4

Inhalt

1. Kapitel
Frühe Jahre 7

2. Kapitel
Der Versager 19

3. Kapitel
Schlendrian 29

4. Kapitel
Vom Bilderbogen zur Bildergeschichte 37

5. Kapitel
Max und Moritz: Die Bösen Buben 47

6. Kapitel
Max und Moritz – Eine Erfolgsgeschichte 63

7. Kapitel
Liebesangelegenhciten 73

8. Kapitel
Pessimismus 85

9. Kapitel
Frömmler 99

10. Kapitel
Produktive Jahre 113

11. Kapitel
Freund Levi und die Juden 127

12. Kapitel
Allerlei Getier 137

13. Kapitel
Künstlerschicksale 147

14. Kapitel
Späte Jahre 157

Epilog
Der Vogel auf dem Leim 173

Anhang
Abkürzungen 179
Literaturverzeichnis 180
Verzeichnis der wichtigsten Personen 184
Chronologie 189
Bildnachweis 195

1. Kapitel
Frühe Jahre

Am 15. April 1832 wurde […] dem Kaufmann Friedrich Busch und seiner Frau als Erster ein kräftiger, urgesunder Knabe geboren, der, als er das Licht der Welt erblickte, ein so verschmitztes Gesicht aufsetzte, daß sein Elternpaar in ein helles Freudengekicher ausbrach«, so Buschs Zeitgenosse und Biograph Eduard Daelen (MWBG 1943, 78). Der glühende Buschverehrer verschafft dem berühmten Humoristen einen würdigen ersten Auftritt. Vorhang auf – sodann herrschen Frohsinn und Heiterkeit von der Wiege bis ans – Vorhang zu – kühle Grab. Das ist stimmig, jedenfalls dann, wenn man Leben und Werk verwechselt. Dieser Irrtum ist bekanntlich ein Dauerbrenner und die Ursache für manche Schieflage in biographischen Darstellungen. Im Falle Busch freilich könnte die Diskrepanz, die sich zwischen Werk und Person auftut, kaum größer sein. Der berühmte Humorist war ein ernster, verschlossener Mensch mit Hang zum Grübeln, der über weite Strecken zurückgezogen in der Provinz lebte, ein »Sonderling«, wie er sich selbst nannte.

»Er ist ein so ernster Mensch und zieht so entschieden Ernst dem Scherze vor, daß es einem unbegreiflich ist«, erinnert sich Buschs Tischnachbarin bei der Hochzeit seines Bruders Hermann (JWBG 1956, 29). Nicht anders äußert sich seine Briefpartnerin und zeitweise Vertraute Maria Anderson: »Überhaupt war er viel ernsthafter, als man von einem Humoristen erwarten sollte.« (B 2, 314)

Dorfstraße in Wiedensahl. Gemälde Buschs aus den 1860er Jahren.

Immerhin, die Fakten der Darstellung Daelens stimmen. Heinrich Christian Wilhelm Busch wird am 15. April 1832 in Wiedensahl, einem kleinen Dorf im Königreich Hannover, geboren. Er ist das erste von sieben Kindern, freilich das vierte Kind seiner Mutter Henriette Busch, geb. Kleine. Sie war zuvor mit dem Wundarzt Stümke verheiratet und bereits in jungen Jahren Witwe geworden. Auch ihre drei Kinder verstarben. »Meine Mutter, still, fleißig, fromm, pflegte nach dem Abendessen zu lesen« (4, 147), schreibt Busch in seinem kurzen autobiographischen Text ›Was mich betrifft‹ und läßt es bei dieser spärlichen Information bewenden.

Johann Friedrich Wilhelm Busch ist von Beruf Kaufmann und betreibt den kleinen Kramladen, den Henriette in die Ehe einbringt. Er muß es zu einigem Wohlstand gebracht

Die von Busch gezeichnete Rückenansicht ist das einzige Bild, das von seiner Mutter erhalten ist.

Bei allem kaufmännischen Pragmatismus scheint Buschs Vater auch einen gewissen Hang zur Poesie gehabt zu haben. Von ihm ist ein »Rezeptbuch« erhalten, in dem er allerlei Hausmittel und Ratschläge für seine ländliche Kundschaft sammelte, aber auch einige gefühlige oder spöttische Gedichte im Stil der Biedermeierzeit schriftlich festhielt.

haben, wie die Tatsache belegt, daß er bald weitere Grundstücke erwerben und drei seiner Söhne studieren lassen kann. So kennzeichnen Fleiß und strenge Nüchternheit das protestantische Elternhaus, dem Busch und folglich der Erwartungshorizont der Eltern gegenüber dem Erstgeborenen entstammt. Zweifelsfrei hätte sich der tüchtige Vater einen tüchtigen, d. h. einen in einem »ordentlichen Beruf« fleißigen und erfolgreichen Sohn gewünscht.

»Mein Vater war Krämer«, so Busch, »klein, kraus, rührig, mäßig und gewissenhaft; stets besorgt, nie zärtlich; zum Spaß geneigt, aber ernst gegen Dummheiten. Er rauchte beständig Pfeifen, aber, als Feind aller Neuerungen, niemals Zigarren, nahm daher auch niemals Reibhölzer, sondern blieb bei Zunder, Stahl und Stein, oder Fidibus. Jeden Abend spazierte er allein durchs Dorf; zur Nachtigallenzeit in den Wald.« (4, 147)

Zeichnung »nach meinem Vater«, wie auf der Rückseite des Blattes steht. Wohl ein Porträt aus dem Gedächtnis.

Weit mehr als die gemütvollen abendlichen Spaziergänge und die Art und Weise, wie er seine Pfeife entzündete, hätte eine eingehendere Charakterisierung des Vaters interessiert und vor allem, was dessen Ernst gegen Dummheiten bedeutet. Daß er nicht zärtlich war, verwundert kaum, hätte dies doch nach damaliger Auffassung die väterliche Autorität untergraben. Mütter gelten, zumal in der Erziehung der Knaben, als zu weich. So ist der Vater die letzte Entscheidungsinstanz und führt die Oberaufsicht der Erziehung zu Fleiß, Anstand, Moral – und dies durchaus auch tätig. Väterlicher Ernst bedeutete dann väterliche Prügel.

Väter prügeln,

»Der Herr Vater aber läßt es an den eindringlichsten moralischen Ermahnungen nicht fehlen« (1, 92)

Lehrherrn prügeln,

Meister: »Kerl, ich reiße dir die Ohren ab, wenn du nit besser aufschaust, du Tropf, miserabliger!« (1, 176)

Exkurs: Gewalt

Buschs Bildergeschichten sind voller Szenen, in denen Kinder geprügelt werden.

Betrachtet man diese Szenen außerhalb ihres humoristischen, d. h. bei diesem Thema verharmlosenden Kontextes, sind sie von erschreckender Gewalttätigkeit.

Auch in Buschs Prosa sind Kinder Opfer von Gewalt. So in der Erzählung ›Eduards Traum‹, wo ein Landmann zu seiner Familie zurückkehrt: »Er warf seinen Hut auf die Erde und rief: ›Wer ihn aufhebt, kriegt Hiebe, wer ihn liegen läßt, auch!‹ Er war ein höchst zuverlässiger Mann. Er hielt sein Wort.« (4, 172) Prügel als unausweichliches

---

Erziehung im 19. Jahrhundert
»Aber als Gegenstand liebender Aufmerksamkeit sind die Kinder natürlich Gegenstand der Erziehung, sie sollen – zu ihrem Besten – geführt werden, nicht von selber wachsen. Die liebevolle Aufmerksamkeit äußert sich in Druck und Kontrolle. Medizin und Pädagogik liefern dafür den Eltern eine theoretische Basis und ein gutes Gewissen. Erziehung ist auf Autorität gebaut, ist ernst und streng. Gefühlsausdruck und Vertraulichkeit zwischen Eltern und Kindern (und Jugendlichen) sind deutlich begrenzt; es geht für die Eltern, die Väter zumal, nicht darum, die Kinder zu verstehen. Das oberste Ziel ist die Ordnung, das, was sich gehört; darein sich zu fügen, darauf kommt es an. Schon die Gewohnheiten der Säuglings- und Kleinkinderpflege (und die aufkommenden ärztlichen Ratgeber erst recht) legen das Hauptgewicht auf Disziplin, auf ein Training von Willen und Affekt und Kontrolle, Ordnung und Gehorsam: bei den Still- und Trinkzeiten, dem Essen (es wird gekocht, es wird gegessen; den Teller ›aufessen‹), dem Erlernen der Sauberkeit. Das Nachgeben gegenüber dem Eigenwillen des Kleinkindes ist unvernünftig, dieser Eigenwille muß gebrochen werden, darum ist auch das formale Üben von Gehorsam ein Wert.«

Thomas Nipperdey, Deutsche Geschichte (56)

Schicksal, denn gegen die Willkür und körperliche Übermacht der Züchtiger ist kein Widerstand möglich. Und auch seine Tricks und Kniffe werden dem kleinen Fritz nichts nutzen, der sich ein Buch unter die Jacke steckt, weil er glaubt, daß er »was auf den Buckel kriegt«.

> Die Schläge trafen richtig ein.
> Der Lehrer meint es gut. Allein
> Die Gabe wird für heut gespendet
> Mehr unten, wo die Jacke endet,
> Wo Fritz nur äußerst leicht bekleidet
> Und darum ganz besonders leidet. (4, 316)

Der gewalttätige Zeitgeist findet hier seinen Niederschlag, doch wird man sich aufgrund des gehäuften Auftretens des Motivs auch zu fragen haben, inwieweit Reflexe persönlichen Erlebens eine Rolle spielen. In einem Brief aus dem Jahr 1875 schreibt Busch: »Als Junge krieg' ich mal Hiebe und nicht mit Recht. ›Kann nicht schaden!‹ hieß es. ›Die sind für Das, was man nicht weiß!‹« (B 1, 140): Mit der Meister-Druff-Mentalität hat Busch also Bekanntschaft gemacht. An anderer Stelle ist von Angst die Rede. »Ein freundliches Nahesein ist immer gut. Das weiß Keiner beßer, als ich, der in den Kinderjahren die Bangigkeit gründlich studiert hat.« (B 2, 157)

Freilich ist Busch mit persönlichen Aussagen äußerst zurückhaltend, selbst dort, wo man es am wenigsten vermutet: seinen autobiographischen Schriften. Florian Vaßen, der diese untersucht hat, nennt sie »Texte der Abwehr« (WBJb 1982, 63), denn Problematisches wird entweder übergangen oder bagatellisiert.

Besonders deutlich wird die Verschleierungstaktik im Vergleich der Urfassung ›Was mich betrifft‹ (1886) mit der Endfassung ›Von mir über mich‹ (1893). Die ohnehin bereits spärlichen Angaben wurden noch weiter gekürzt, alles, was unter Verdacht stand, mißliebige Rückschlüsse

Lehrer prügeln ...

zur Hebung der Moral (3, 504)

zur Vorsorge, wie Meister Druff – nomen est omen,

Druff hat aber diese Regel:
Prügel machen frisch und kregel
Und erweisen sich probat
Ganz besonders vor der Tat.
(3, 30)

Lehrer prügeln zur Strafe,

(2, 305)

ja bisweilen prügeln sie aus purer Lust wie »*Rektor Knaut/Der immer lächelt, wenn er haut./Auch ist bei Knaben weit berüchtigt/Das Instrument, womit er züchtigt./Zu diesem Zweck bedient er nämlich,/Als für den Sünder gut bekömmlich,/Sich einer schlanken Haselgerte,/Zwar biegsam, doch nicht ohne Härte,/Die sich, von rascher Hand bewegt,/Geschmeidig um die Hüfte legt.*« (4, 317)

zu ermöglichen, wurde getilgt. Busch schreibt in einem Brief, daß die Überarbeitung notwendig wurde, »nachdem ich bemerkt, daß man aus der Chara[k]teristik meines Vaters eine unpaßende Folgerung gezogen« (B 2, 24). Entsprechend ist aus der zitierten Beschreibung des Vaters (vgl. S. 9) in der Endfassung das an Knappheit nicht mehr zu überbietende »Mein Vater war Krämer, heiter und arbeitsfroh« (4, 205) geworden.

Läßt sich aus der Sorgfalt, mit der Aussagen, die einen Schatten auf den Vater werfen konnten, eliminiert wurden, schließen, daß hier in Wahrheit die Schatten zu suchen sind? Von Busch selbst ist kein kritisches Wort zu vernehmen. Wieso auch? Prügel werden zu diesen Zeiten als Ausdruck der väterlichen Liebe und Sorge verstanden. Ist der Sohn erst einmal zur Vernunft gekommen, wird er erkennen, daß all dies nur zu seinem Besten geschah. Von eben dieser Art ist die Szene, in der Busch beschreibt, wie ihn der Vater an der Tür empfängt, ihn eigens auf den Speicher abführt, um ihn dort mit einem Rohrstock zu verprügeln. »Wie peinlich mir das war, ließ ich weithin verlautbaren« (4, 206), so der lakonische Kom-

---

Zu ›Von mir über mich selbst‹ sah sich Busch durch das 1886 erschienene Werk ›Über Wilhelm Busch und seine Bedeutung. Eine lustige Streitschrift‹ veranlaßt. Aus der Feder des Autors Eduard Daelen entstammen weiter: ›Wurschtigkeit. Bismarckiaden in Reim und Bild‹ oder ›Das hohe Lied vom Bier‹. Auch machte er durch eine heitere Umarbeitung von Schillers Glocke auf sich aufmerksam, in der Bismarck als altgermanischer Recke, Kneipenwirt oder aber als Gründer der »Deutschen Reichsbrauerei-Union« auftritt. Man hätte gewarnt sein können! Busch, der über seine Biographie mit Daelen korrespondiert hat, wahrt zwar Kontenance, ist aber über das Ergebnis entsetzt. Zur Richtigstellung verfaßte er den ersten autobiographischen Text, der in der ›Frankfurter Zeitung‹ veröffentlicht wird.

mentar zu einem Vorgehen, das als gerechte Bestrafung für einen zuvor begangenen Streich dargestellt wird.

Vor allem in Buschs Malerei findet die Gewalt gegen Kinder ihren ungeschönten Ausdruck und auch die Spuren, die diese Gewalt hinterläßt. So verloren als wäre er allein auf der Welt steht der kleine verweinte Friedel da, die Gesichtszüge von seinem Elend fast ausgelöscht.

Insbesondere in Buschs Bildergeschichten wird man auf die ungeheure Wut dieser Kinder treffen – und auf einen Zeichner, der mit dieser Wut sympathisiert. Dies allerdings nur bis zu dem Punkt, da es die bürgerliche Ordnung, die sie mit ihren »Untaten« torpedieren, durch die gerechte Strafe wiederherzustellen gilt.

»Ist Leidenschaft das Wesen der Welt«, sagt Busch, auf dessen pessimistisches Welt- und Menschenbild noch einzugehen sein wird, »so werden Schläge wohl mehr wirken als Worte.« (4, 544) Und weil es sich mit der menschlichen Natur nach seiner Auffassung so verhält, sind folgende Gedichtzeilen auch nicht satirisch zu verstehen, sondern bekunden Einverständnis:

Frau, einen Jungen am rechten Ohr packend, 40 x 27,6 cm.

Von Birken eine Rute,
Gebraucht am rechten Ort,
Befördert oft das Gute
Mehr als das beste Wort. (4, 301)

Es ist ein ambivalenter, zwischen Wut und Anpassung gespaltener Mensch, der hier spricht: ein Kritiker der bürgerlichen Welt, von der er sich nicht trennen kann, einer, der die Spießer mit spitzer Feder angreift und zugleich doch mit halbem Herzen ein Spießer geblieben ist. Ebenso zwiegespalten ist folglich sein Verhältnis zu den Prüglern. Er entlarvt sie, aber er deckt sie auch. Gut möglich, daß der erste und tiefste Zwiespalt von dieser Art derjenige gegenüber dem eigenen Vater war.

In einer Sequenz aus ›Was mich betrifft‹, die er in der

Der bucklige Friedel in roter Jacke, 13,5 x 8 cm.

späteren Fassung tilgt, beschreibt Busch die »putzwun-
derliche(n) Polterkämmerchen der Erinnerung«, die sich
hinter unterschiedlichen Türen verbergen. Das weiße Türchen tut sich auf und gibt »wie in einem hellerleuchteten
Puppenstübchen« den Blick auf eine weihnachtliche Szene mit Äpfeln, Lebkuchen und Nüssen frei: »Freundlich
betrachtest du das Bübchen dort, denn das warst du, und
wehmütig zugleich, daß nichts Besseres und Gescheite-
res aus ihm geworden, als was du bist.«

Bereits in die lichte Kammer fallen also dunkle Schatten, denn mit Wehmut blickt Busch aufs Bübchen, aus
dem – wie der innere Spießer meint – nichts Rechtes geworden ist.

Doch dann gibt es da noch eine weitere Tür: »Laß
sein. – Paß auf das schwarze Türchen. – Da rumort's hinter. – Halt zu! – Ja, schon recht; solange wie's geht. – Du
kriegst, wer weiß woher, einen Stoß auf Herz, Leber, Magen oder Geldbeutel. Du läßt den Drücker los. Es kommt
die stille, einsame, dunkle Nacht. Da geht's um in der Ge-
hirnkapsel und spukt durch alle Gebeine.« (4, 153)

Herbert Günther nennt Busch in seiner Biographie
einen »Versteckspieler« – sehr zu Recht. Busch versteckt
sich vor anderen, und wie alle Spieler von dieser Art versteckt er sich auch vor sich selbst. Man spürt Scham,
Angst, ja die Not, die ihn bewogen hat, die schwarze Tür,
hinter der die »stille, einsame, dunkle Nacht« droht, verschlossen zu halten. Nur bisweilen bietet ein schmaler
Spalt kurze Einblicke, läßt etwas Licht ins halbdunkle
Kämmerchen ein. Manches läßt sich nur erahnen, sicher
freilich ist dies: Hinter der schwarzen Tür befindet sich
das, was dieses Leben blockiert und beschwert, ja zeitweise geradezu verfinstert hat.

Im Herbst des Jahres 1841, Wilhelm Busch ist neun Jahre
alt, wird er zu Pastor Georg Kleine, seinem Onkel, nach
Ebergötzen bei Göttingen gegeben. Vier Geschwisterkin-

der wurden zwischenzeitlich geboren. Das Haus ist zu klein geworden. Zudem soll der Älteste, nachdem er drei Jahre lang die Dorfschule besucht hat, auf seinen beruflichen Werdegang vorbereitet werden. Also übernimmt der gebildete Onkel den weiteren Unterricht.

Was wohl in dem Jungen vorgeht, der weggegeben wird? Die Gründe dafür sind wohl berechtigt, sagen die Erwachsenen, aber sind diese für einen Neunjährigen relevant? »Am Abend vor der Abreise plätscherte ich mit der Hand in der Regentonne, über die ein Strauch von weißen Rosen hing, und sang Christine! Christine! versimpelt für mich hin.« Auf diese Szene von namenlosem Unglück läßt Busch sodann den Bericht vom munteren Aufbruch am nächsten Morgen folgen. Das »dicke Pommerchen« wird eingespannt, der Wagen bepackt und – der Humorist ist wieder in seinem Element – »Fort rumpelts durch den Schaumburger Wald« (4, 147 f.).

Fünf Jahre bleibt er in Ebergötzen. Einmal wird ihn der Vater besuchen, einmal wird der Zwölfjährige auf Besuch nach Wiedensahl heimkehren: »Als ich dann wieder mal nach Hause kam, ging meine Mutter grade ins Feld, den Leuten Kaffee zu bringen. Ich kannte sie gleich; aber sie kannte mich nicht, als ich an ihr erst mal vorbei ging. So hatte ich mich verändert.« (Bo 22)

In Ebergötzen scheint es Wilhelm nicht schlecht getroffen zu haben: »Von meinem Onkel, der äußerst milde war, erhielt ich nur ein einzigmal Hiebe, mit einem trocknen Georginenstengel, weil ich den Dorftrottel geneckt hatte.« (4, 207)

Pastor Georg Kleine ist ein toleranter Mensch und nicht nur in den Geisteswissenschaften, sondern auch in den Naturwissenschaften bewandert. Ab 1865 gibt er das ›Bienenwirtschaftliche Centralblatt‹ heraus, denn er ist ein großer Bienenfreund und -forscher, der Wilhelm mit seiner Leidenschaft ansteckt.

Durch den Onkel kommt Wilhelm mit Dichtung und

Pastor Georg Kleine, anonyme Zeichnung.

Auf die Rückseite eines Briefes gezeichnetes Selbstbildnis des Heranwachsenden, 45 x 47 mm.

Philosophie in Kontakt. Sogar von einer frühen Kant-Lektüre ist die Rede, »die, wenn auch damals nur spärlich durchschaut, doch eine Neigung erweckte, in der Gehirnkammer Mäuse zu fangen, wo es nur gar zu viel Schlupflöcher gibt« (4, 208), wie Busch in einer für ihn typischen Wendung seine philosophischen Interessen bagatellisiert.

Kurzum: Wilhelm erfährt hier eine umfassende Bildung, lernt fleißig und mit gutem Erfolg, so jedenfalls steht es in den artigen Briefen, die er nach Hause schreibt.

Er wird auch im Zeichnen unterrichtet, denn ganz im Gegensatz zu Wilhelms Vater zeigt Pastor Kleine Verständnis für die künstlerischen Neigungen seines Neffen. So verdankt Wilhelm dem fürsorglichen Onkel viel. Neben der Ausbildung vor allem auch eine stabile familiäre Bindung.

Im Jahr 1846 übersiedelt Wilhelm mit der Familie des Pastors nach Lüthorst. Immer wieder wird er hierher zurückkehren, in den Jahren der Erfolglosigkeit Zuflucht finden. Und man mag im Vertrauensverhältnis zu Georg Kleine eine weitere positive Prägung für Buschs Leben erkennen. Vater war er nie, aber er wird sich als verantwortungsbewußter, fürsorglicher Onkel erweisen.

In die Ebergötzener Zeit fällt eine weitere wichtige Begegnung. Der Neunjährige (und sein Co-Autor Kleine) berichten davon in einem Brief nach Hause – ein Paradeexemplar der Gattung »Was Eltern hören wollen«. Zuerst bedankt sich Wilhelm artig für die Weihnachtsgeschenke und kommt dann auf seinen neuen Unterrichtsgefährten zu sprechen. Offensichtlich ist er mit ihm ein Herz und eine Seele, zumal, wenn es um der beiden vortrefflichen Knaben höchstes Gut, das fleißige Streben nach Bildung, geht.

»Ich habe jetzt in einem Theile meiner Stunden, nämlich Nachmittags, noch einen Gefährten bekommen, wodurch es sich um so beßer lernen läßt, weil der eine es immer noch beßer machen will, als der andere. Ferien haben wir aber in dieser Zeit nicht gehabt; bloß den letzten Tag vor den Festtagen hatten wir keine Stunden. Wir gehen aber auch eben so gern in die Stunden, als daß wir frei haben.« (B 1, 1)

Bei diesem Gefährten handelt es sich um Erich Bachmann, mit dem Busch eine lebenslange Freundschaft verbinden sollte. »Gleich am Tage nach der Ankunft schloß ich Freundschaft mit dem Sohne des Müllers. Wir gingen vors Dorf hinaus, um zu baden. Wir machten eine Mudde aus Erde und Wasser, die wir ›Peter und Paul‹ benannten, überkleisterten uns damit von oben bis unten, legten uns in die Sonne, bis wir inkrustiert waren wie Pasteten, und spülten's im Bach wieder ab.« (4, 206)

So entpuppt sich der gegenüber den Eltern wegen seiner Strebsamkeit gepriesene Müllersohn als Kumpan, mit dem man gemeinsam die Gegend durchstreifen, durch dick und dünn gehen und sich vor allen Dingen prächtig im Dreck suhlen kann. Das Vergnügen sei beiden zum Ausgleich für die zitierte Anstandsattacke in Briefform von Herzen gegönnt. Wesentlich ist an dieser Stelle freilich das Motiv der schlamminkrustierten Knaben. Dies

---

In einem Brief an Nanda und Letty Keßler aus dem Jahr 1873 beschreibt Busch einen seiner Besuche bei Erich Bachmann: »Ich war aber dieser Tage in einem Dorfe Namens Ebergötzen auf Besuch bei meinem Freunde dem Müller in der Mühle; das ist ein altes, altes Haus; da braust und rauscht ein Bach dran vorbei, der geht über das Mühlrad und dreht es, und das Mühlrad setzt das Mühlwerk in Bewegung, das geht denn immer rickeracke! rickeracke! bei Tag und bei Nacht, so daß ich recht schön gewiegt und gerüttelt wurde, wenn ich im Bette lag. Nur ein einziges Mal in der Woche da stand die Mühle still, das war des Sonntag Morgens, wenn die Glocken an zu läuten fingen und die Leute in die Kirche gingen, da war's mitem Mal so still im Haus, als wenn wir gestorben wären.« (B 1, 116)

Knusper, knasper! – wie zwei Mäuse
Fressen sie durch das Gehäuse; (1, 382)

mag die Erinnerung an ein anderes Bubenpaar in Pastetenform wecken, auch wenn dieses nicht in eine Dreckkruste eingebacken, sondern von leckerem Kuchenteig umhüllt ist, so daß sich die Buben nach Nagerart befreien.

Und in der Tat steht die Jugendfreundschaft zwischen Wilhelm Busch und Erich Bachmann Pate für ein anderes Freundespaar, das weltberühmt werden sollte: Max und Moritz. Zu diesem Zeitpunkt allerdings liegt die Geburtsstunde dieser beiden noch in weiter Ferne.

Erst einmal beginnt mit dem Jahr 1847 ein neuer Lebensabschnitt. Wilhelm Busch schreibt sich am Polytechnikum Hannover, der heutigen Universität Hannover, ein. Er soll Maschinenbauer werden. So hat es der Vater verfügt und in Zeiten der beginnenden Industrialisierung, die in den Folgejahrzehnten ihre volle Dynamik entfalten wird, für seinen Sohn eine unter pragmatischen Aspekten zweifelsfrei vernünftige Wahl getroffen.

2. Kapitel
Der Versager

Es ist für mich nicht allein nöthig, daß ich den Vortrag verstanden habe, sondern mein künftiger Lebenszweck erheischt mehr als das; ich muß ihn auch durchweg u. zu jeder Zeit im Gedächtniße bereit haben« (B 1, 2), schreibt Wilhelm über seine Studien an die Eltern und schickt akribische Abrechnungen der verbrauchten Gelder. Sichtlich bemüht, die in ihn gesetzten Erwartungen zu erfüllen, studiert er die mathematisch-technischen Fächer und betreibt nebenbei Sprachstudien in Englisch und Französisch – mit zunehmend gutem Erfolg. Wichtiger freilich sind ihm die offiziellen Zeichenstunden – und die inoffiziellen: Seine Kolleghefte füllen sich mit Skizzen seiner Lehrer und Mitschüler. Vielleicht liegt hierin der Grund, daß er es in angewandter Mathematik auf keinen grünen Zweig bringt.

In die Studienjahre am Polytechnikum fällt die Revolution von 1848. In Hannover kommt es zu Unruhen, gegen die das Militär und die Gendarmerie eingesetzt werden. Auch ein Bataillon, das aus Studenten des Polytechnikums unter Führung der Lehrer besteht, wird gebildet und löst die regulären Truppen ab. Busch und seine Mitstreiter erhalten eine »Mütze mit schwarzrotgoldenem Streif drumherum«, Gewehre, allerdings ohne scharfe Munition, und werden so in den Kampf gegen die aufständischen Barrikadenkämpfer geschickt. »Schießen konnten wir nicht. Da sprang ein langer Kollege, der die Geduld verlor, aus dem Gliede voran und pickte einem Kerl das

Kollegbuchseite, nach 1848.

Bajonett durch die Hose, daß er blökte wie ein Ochse.« (4, 537)

Die Revolutionsereignisse als heitere Posse, natürlich mit gutem Ausgang, denn das angepiekste Körperteil wird im Lindener Hospital wieder geflickt. Bei den 230 Toten freilich, die am 18. März 1848 in Berlin fallen, da das preußische Militär in die protestierende Menge hineinschießt und einen Aufstand provoziert, gibt es nichts mehr zusammenzuflicken.

Es ist ein Unpolitischer, der sich hier erinnert, und entsprechend interessieren ihn weder Gründe noch Verlauf und Ergebnisse des Freiheitskampfes. Der Erwähnung wert hingegen sind ihm die in der Wachstube erkämpften neuen Freiheiten des Heranwachsenden, »die bislang noch nicht geschätzten Rechte des Rauchens und des Biertrinkens; zwei Märzerrungenschaften, deren erste mutig bewahrt, deren zweite durch die Reaktion des Alters jetzt merklich verkümmert ist.« (4, 149)

»Nachdem ich drei bis vier Jahre in Hannover gehaust, verfüge ich mich, von einem Maler ermuntert, in den Düsseldorfer Antikensaal« (4, 149), schreibt Busch über den Abbruch seines Studiums im Frühjahr 1851. Er verliert kein Wort über all die Zweifel und inneren Kämpfe, die diesem Schritt vorangegangen sein müssen, und auch nicht über die Auseinandersetzungen mit den Eltern.

Adolph von Menzel: Aufbahrung der Märzgefallenen. Gemälde 1848.

In der *Märzrevolution von 1848* kämpft das deutsche Bürgertum gegen Fürstenwillkür, für demokratische Rechte und für die Einigung des in Kleinstaaten aufgesplitterten deutschen Reiches. 1848/49 tagt die verfassungsgebende Nationalversammlung in der Paulskirche in Frankfurt am Main. Von ihr wird dem preußische König Friedrich Wilhelm IV. die Kaiserwürde angetragen, die dieser als »mit dem Ludergeruch der Revolution« behaftet ablehnt. Nach der gescheiterten Revolution wenden sich viele Bürger enttäuscht von der Politik ab.

Nach dem Bericht von Buschs Neffen Hermann Nöldeke ist es die Mutter, bei der er Unterstützung findet. »Aber der Mutter hat er doch nähergestanden. Hat sie ihm doch Verständnis entgegengebracht, als er die polytechnische Schule verließ, um Maler zu werden. Für den darüber sehr aufgebrachten Vater war die Malerei eine brotlose Kunst gegenüber der sicheren und gewinnbringenden Laufbahn, auf der er im Geiste den tüchtigen Sohn mühelos vorwärtskommen sah. Das sind für meinen Onkel schwere Zeiten gewesen.« (N 124 f.) Immerhin scheinen sich die Wogen so weit geglättet zu haben, daß die Eltern weiter für ihren Sohn aufkommen.

Gemeinsam mit seinen Freunden vom Polytechnikum, August Klemme und Karl Bornemann, die dem Zögerlichen den Rücken stärken, tritt Busch in die Kunstakademie Düsseldorf ein, um Genremaler zu werden. Dies bedeutet erst einmal, sich anhand der Gipsabgüsse von Statuen und Büsten der griechisch-römischen Antike im Zeichnen zu üben. Busch unternimmt dies mit Fleiß und Akribie – ganz anders als sein liederlicher Maler Klecksel, den es bei den anatomischen Studien eher zur Anatomie als zu den Studien zieht.

Bildmaske des Kaisers Lucius Verus. Von Busch 1851 im Düsseldorfer Antikensaal gezeichnet.

»Von Altersgenossen aus der Düsseldorfer Zeit wird Wilhelm Busch als ein ernster, zurückhaltender Mensch geschildert, der wenig sprach, etwas Sarkastisches in seinen kurzen Bemerkungen an sich hatte, recht fleißig war und im Antikensaal seine Studien in strenger konzentrierter Weise zeichnete.« Bericht von Buschs Neffe Otto Nöldeke (N 16)

Genremalerei (»Gattungsmalerei«) ist eine Gattung der bildenden Kunst, die Szenen aus dem Leben einer bestimmten sozialen Schicht (Bauern, Bürger, Adel) darstellt. Sie zielt auf die Erfassung des Typischen und allgemein Menschlichen, das in alltäglichen Situationen festgehalten wird. Die Wirklichkeit an sich soll ohne jede Verbrämung oder gedankliche Überformung zum Ausdruck gebracht werden. Die Genremalerei entstand im 15. Jahrhundert, einen Höhepunkt bildete die niederländische Kunst des 17. Jahrhunderts.

Aus: Maler Klecksel

Der Alten ewig junge Götter –
Wenn mancher auch in Wind und Wetter
Und sonst durch allerlei Verdrieß
Kopf, Arm und Bein im Stiche ließ –
Ergötzen Kuno unbeschreiblich;
Besonders, wenn die Götter weiblich. (4, 110)

Der akademische Betrieb in Düsseldorf stößt Busch ab, ebenso der durch den Akademieleiter Wilhelm von Schadow herrschende Geist der Nazarener.

Die monumentalen Gemälde katholisch-frommen Inhalts sind für den begeisterten jungen Mann, der sich lebendigen Unterricht und künstlerische Selbstverwirklichung gewünscht hat, nichts als hohles Pathos. Nur mit Mühe kann er sich zum Studium motivieren und verfaßt hierzu eigens ein »Paragraphenwerk«: »Besagtem W. B. wird aufgegeben, sich morgens 7½ Uhr aus den Federn zu erheben.« Weitere Paragraphen folgen nebst dem Urteil im Falle des Zuwiderhandelns, nämlich daß der Delinquent »von einem moralischen Katzenjammer höchst maltertiert« (Bo 32) wird. Genutzt hat all dies nichts, Busch hält es in Düsseldorf nur zwei Semester aus. Eine deprimierende Erfahrung für jemanden, der sich gegen

Wilhelm von Schadow: Die Klage Jakobs um Joseph. Aus dem Freskenzyklus der Casa Bartholdy in Rom, 1816/17.

Nazarener ist ursprünglich ein Spottname für den zu Beginn des 19. Jahrhunderts von Friedrich Overbeck und Franz Pforr gegründeten Lukasbund, d. h. eine Gruppe deutscher Künstler, die nach ihrem Wegzug von Wien in Rom die Genossenschaft der »Klosterbrüder von San Isidoro« bildeten. Ihr Ziel war die religiöse Erneuerung der Kunst, weswegen sie auch ihr Leben religiös ausrichteten und sich zu einer Art mönchischer Lebensführung verpflichteten. Die schulterlang mit Mittelscheitel getragenen Haare sollten Frömmigkeit nach dem Vorbild des Jesus von Nazareth signalisieren. Protestantische Neumitglieder bekundeten ihren Sinneswandel durch Übertritt zum Katholizismus.

die Pläne der Eltern und für seine Träume entschieden und nun nichts vorzuweisen hat – weder sich selbst noch den Eltern gegenüber.

»Von Düsseldorf geriet ich nach Antwerpen in die Malschule« (4, 149), so Busch in lakonischer Formulierung über seinen Wechsel im Frühjahr 1852 an die Königliche Akademie. Wiederum gehen ihm Freunde, August Klemme und Eduard Schulz-Briesen, voran, denen er nach Antwerpen folgt, d. h. in die Stadt, in der einst die Genremalerei in höchster Blüte stand.

Die Studien lassen sich, glaubt man dem Brief an die Eltern, gut an. Zu beeindrucken scheint ihn sein Lehrer Joseph Laurent Dyckmans, von dem er den breiten Pinselstrich lernt, der – wie später Busch – kleinformatige Genrebilder malt und dafür, die Eltern werden es mit einem zarten Hoffnungsschimmer vernommen haben, »in der Regel 10–12 000 Franken« (B 1, 4) bekommt.

Wilhelm Busch: Halbprofil einer alten Frau, 1852. Das Bild läßt den Einfluß von Buschs Lehrer Dyckmans erkennen.

Busch in einem Brief vom 1. September 1852: »Am ausgelaßensten ist aber das Volk hier bei der großen Kirmeß, welche das größte Fest von Antwerpen ist u. sechs Tage dauert. Um das Volk in diesen Tagen zu amüsiren, bestehen förmliche Vereine. Preise aller Art sind ausgesetzt für Musik, Wettrudern, Schwimmen, Pfahlklettern – u. s. w. Auf einem der Großen Plätze in der Stadt ist großer Volksball, wo jedermann frei Tanzen kann. Abends sind große Feuerwerke, die über 100 000 Fr. kosten. Eine Art der Belustigung will ich noch anführen, die, wenn sie auch nicht gerade sehr delikat ist, doch das flämische Volk recht eigentlich charakterisirt. Sie besteht nämlich darin, daß man von einem Abtritte die Brille abhebt u. diese in einem Fenster nach der Straße hin befestigt. Durch das Loch derselben stecken nun alte Weiber, eins nach dem andern, den Kopf u. schneiden die scheußlichsten Grimaßen. Daßjenige alte Weib nun, welches die gräulichste Grimaße schneidet, erhält einen dazu eigens ausgesetzten Preis. So etwas würde doch in Deutschland nicht vorkommen dürfen.« *(B 1, 4 f.)*

Am 26. Juni 1852 vertraut er seinem Tagebuch an: »Von diesem Tage datiere sich die bestimmtere Gestaltung meines Charakters als Mensch und Maler. Es sei mein zweiter Geburtstag.« (Bo 37) Mit diesem aufwühlenden Erlebnis ist die Begegnung mit Werken der flämischen und niederländischen Maler des 17. Jahrhunderts gemeint, von der er auch in seiner Autobiographie berichtet.

»In Antwerpen sah ich zum erstenmal im Leben die Werke alter Meister: Rubens, Brouwer, Teniers; später Frans Hals. Ihre göttliche Leichtigkeit der Darstellung, die nicht patzt und kratzt und schabt, diese Unbefangenheit eines guten Gewissens, welches nichts zu vertuschen braucht, dabei der stoffliche Reiz eines schimmernden Juwels, haben für immer meine Liebe und Bewunderung gewonnen …«

Busch hat in Antwerpen bei dem Bartschererehepaar Timmermanns, Jan und Mie, wie er sie nennt, Quartier genommen. Mit Dankbarkeit erinnert er sich an sie, denn sie »verpflegten mich während einer Krankheit und schenkten mir beim Abschied in kalter Jahreszeit eine warme rote Jacke und drei Orangen« (4, 209). Hinter der harmlosen Schilderung verbirgt sich, daß das Ehepaar den mittellosen und an Typhus erkrankten Studenten selbstlos pflegte und versorgte.

Erneut bricht Busch sein Studium ohne Abschluß ab. Wiederum kann man über die Gründe nur mutmaßen, freilich anhand der bereits einmal aussagekräftigen Spur der Überarbeitung seiner Lebensbeschreibung. Der eiserne Wille, Einblicke in sein Innenleben zu verwehren, führt auch bei diesem Thema zu einer vielsagenden Kürzung. In der letzten Textfassung von 1893 fehlt folgende Passage, mit der er obigen Bericht über die Begegnung mit den alten Meistern fortführt:

»… und gern verzeih ich's ihnen, daß sie mich zu sehr geduckt haben, als daß ich's je recht gewagt hätte, mein

Brot mit Malen zu verdienen, wie manch anderer auch. Die Versuche, freilich, sind nicht ausgeblieben; denn geschafft muß werden, und selbst der Taschendieb geht täglich auf Arbeit aus; ja, ein wohlmeinender Mitmensch darf getrost voraussetzen, daß diese Versuche, deren Resultate zumeist für mich abhanden gekommen, sich immerfort durch die Verhältnisse hindurchziehen, welche mir schließlich meinen bescheidenen Platz anwiesen.« (4, 149 f.)

Es ist das traurige Zitat eines Malers, der angesichts der großen Vorbilder resigniert und sein lebenslanges malerisches Ringen im Rückblick auf eine Ebene mit dem Tagewerk von Taschendieben stellt.

Adriaen Brouwer: Der bittere Trank.

Wilhelm Busch: Kopf eines Bauern mit Krug, 1891.

Die Auseinandersetzung mit den großen niederländischen Vorbildern beschäftigt Busch zeit seines Lebens. Angeregt durch das im »Städl« (d.h. im Städel Museum in Frankfurt) besichtigte Original malt er 1891 mehrere »Versüchelchen nach Brouwer« (1, 342). Dies bestärkt ihn erneut in der Auffassung, daß die alten Meister unerreichbar sind: »Jetzt, so scheint's, kann's Keiner mehr, mag's nun an den Farben liegen, die mit Glycerin vermischt sind oder sonstigem Schmeer, damit sie flüßig bleiben in ihren Tuben, oder am Ungeschick von Haus aus. Auch ich probirs grad jetzt, frei flüchtig copierend nach Brouwer. Wird aber nichts Rechts.« (1, 341)

Im übrigen ist es die Natur von Vorbildern, daß sie unerreichbar sind. Vorbilder geben die Richtung an, nicht den Weg vor. Ihre vornehmste Aufgabe ist es, Mut zu machen für den eigenen Weg. Das eigentliche Problem besteht also darin, daß sich Busch von seinen Vorbildern nicht lösen kann und somit keine andere Haltung als Resignation möglich ist. Buschs problematischer Werdegang als Maler zeichnet sich bereits in Antwerpen angesichts der als erdrückend empfundenen Vorbilder ab.

Im Jahr 1853, er ist bereits über zwanzig Jahre alt, kehrt Busch nach Wiedensahl zurück. Wenn sich all die Irrungen und Wirrungen auf seinem Ausbildungsweg als komplizierter Ablösungsprozeß vom Elternhaus verstehen lassen, so ist dieser gescheitert. Erreicht hat er nichts: den Aufbau einer bürgerlichen Existenz hat er um der kühnen Träume willen verweigert, die sich nun als Luftschloß erweisen. Der Vater wird's schon immer gewußt haben, daß daraus nichts werden kann.

Exkurs: Rollenspiele

In seinen frühen Briefen an die Eltern zeigt sich Busch als braver Sohn, in den Selbstbiographien witzelt er über Problematisches hinweg oder klammert es aus. Weit aussagekräftiger für die bewegten frühen Jahre sind dagegen die Porträts, die den jungen Busch zeigen.

Zeichnung von C. Bornemann.

Frühe Porträts

Das von C. Bornemann gezeichnete Dreiviertelbildnis entstammt dem Jahr 1850, fällt also in die Zeit des Studiums in Hannover. In gestellter, steif wirkender Pose blickt der Achtzehnjährige mit flaumigem Oberlippenbart noch etwas scheu in die Welt: ein anständiger junger Mann, der zu allen gutbürgerlichen Hoffnungen berechtigt.

Im Jahr 1851 wird Busch von seinem Studienfreund an der Düsseldorfer Akademie, Eduard Schulz-Briesen, gezeichnet. Aus dem schüchternen angehenden Maschinenbauer ist ein sensibler, fast feminin wirkender junger Künstler mit extravaganter Halsbinde und wallender Haarpracht geworden.

Ebenfalls von Schulz-Briesen stammen die Zeichnungen aus dem Jahr 1852. Sie zeigen einen Zwanzigjährigen, der – in der einen Hand die Pfeife, die andere Hand betont lässig in der Tasche – auf einem Stuhl eher liegt als sitzt, also lümmelt.

Der Blick in der Porträtzeichnung ist nicht mehr abgewendet, sondern trifft den des Betrachters. Busch wirkt fragend, keck, fast provozierend, auf jeden Fall spöttisch.

Rollenspiele. Vieles ist noch offen, doch eines sicher: Es sind die Bilder eines jungen Mannes, der im Begriff steht, sich der Vorstellung zu entwinden, die sich der Vater von seinem Sohn und dessen Zukunft gemacht hat.

3. Kapitel
Schlendrian

Reduktion ist das Stichwort für diesen Lebenslauf«, schreibt der Buschkenner Gert Ueding über den »schwierigen und leidvollen Prozeß einer bewußten Verringerung der Handlungsmöglichkeiten, einer Verkleinerung der Erwartungen, einer Reduzierung auch der künstlerischen Hoffnungen.« (1990, 39) In diesen Kontext gehört auch Buschs Rückzug in die Provinz, der sich bereits in jungen Jahren andeutet. Die Rückkehr von Antwerpen nach Wiedensahl ist der erste Schritt in diese Richtung. Ist es doch ein Gescheiterter, der zurückkehrt, und gerade in das Umfeld, dessen fremdbestimmendem Einfluß er sich doch zu entziehen suchte. Kann ausgerechnet von hier aus Neues in Angriff genommen werden? Bereits in der ersten Heimkehr steckt eine gehörige Portion Resignation und Mutlosigkeit.

Mein Stubenplatz in Wiedensahl, um 1860, Öl auf Papier/Pappe, 20 x 24,8 cm.

Aus: Die Fliege (1, 113)

Die Sammlung ›Ut ôler Welt‹ (aus alter Zeit) wird erst 1910, zwei Jahre nach seinem Tod veröffentlicht. Sie beinhaltet niederdeutsche Märchen, Sagen sowie Volkslieder und Reime. Busch folgt in diesem Interesse dem Zeitgeist. Im Jahr 1850 erscheint die Märchensammlung der Brüder Grimm in der achten Auflage.

Daß es ihn zeit seines Lebens nach Wiedensahl bzw. Lüthorst zieht, wurde ihm oft als Heimatverbundenheit ausgelegt, eine zu kurz greifende Erklärung für jemanden, der immer wieder ins Altbekannte flüchtet. So lebt er meist abseits der politischen, wirtschaftlichen und gesellschaftlichen Geschehnisse der Zeit, die er weitgehend unbeeindruckt an sich vorbeiziehen läßt. Und auch aus den Künstlerkreisen, in denen er verkehrt, wird er sich mehr und mehr zurückziehen.

Die Provinz schützt, aber sie beengt auch. Allemal besteht die Gefahr, daß man sich in ihr einrichtet und sodann – wie sich Busch auszudrücken pflegt – in aller Gemütsruhe »versimpelt«.

Nach der Rückkehr aus Antwerpen freilich bricht erst einmal eine Zeit hilflos anmutenden Suchens nach Lebensperspektiven und Möglichkeiten des Broterwerbs an. Busch sammelt Volksmärchen, Sagen und Lieder.

Im Herbst 1853 hält er sich für längere Zeit in Lüthorst bei seinem Onkel Kleine auf und beschäftigt sich mit Bienenkunde.

Nach anderthalb Jahren Orientierungslosigkeit erfolgt im Spätherbst 1854 ein neuer Anstoß, wieder durch den alten Studienfreund August Klemme. Dieser befindet sich bereits in München, wo Busch mit 22 Jahren, d. h. als zwischenzeitlich etwas betagter Student, erneut das

---

»Über meine apistische Thätigkeit«, so Busch 1878 in einem Brief an Paul Lindau, »haben Sie viel zu viel Gutes berichtet. Vor mehr als zwanzig Jahren, als ich Imker in Brasilien werden wollte, da hab' ich die Bienenzucht allerdings gründlich gelernt, bei meinem lieben Erzieher und treuen Onkel Kleine, der neben Dzierzon die erste apistische Autorität in Deutschland ist. Er gab ein Blatt heraus, wozu ich hie und da einen Beitrag lieferte. Seitdem aber sah ich die Bienen nur noch gelegentlich.« (B 1, 184)

Kunststudium an der dortigen Akademie der Bildenden Künste aufnimmt.

Sonderlich ernst scheint Busch seine Studien nicht zu betreiben. Auf jeden Fall geht er in der Folgezeit, da er zwischen München, Wiedensahl und Lüthorst pendelt, vielfach anderen Interessen nach. In das Jahr 1856 fällt die Bekanntschaft mit dem Heraldiker Friedrich Warnecke, für den er Wappen abzeichnet und sammelt. Er beschäftigt sich weiter mit Volksmärchen; die Hoffnung, hierfür einen Verleger zu finden, wird jedoch enttäuscht. Des weiteren engagiert er sich in einem Liebhabertheater im Lüthorst benachbarten Städtchen Dassel, tritt selbst als Akteur auf, zeichnet Theaterzettel und schreibt ein kleines Stück: ›Einer hat gebimmelt und alle haben gebummelt‹. Gebummelt hat wohl vor allem der Autor selbst, der sich verdächtig lang von seinem Studienort München fernhält. Wie perspektivlos ihm seine Situation erschienen sein muß, belegt der im Jahr 1857/58 ernsthaft erwogene Plan, als Bienenzüchter nach Brasilien auszuwandern.

»Von Lüthorst ging ich nach München. Indes in der damaligen akademischen Strömung kam mein flämisches Schifflein, das wohl auch schlecht gesteuert war, nicht recht zum Schwimmen.« (4, 210) Er ist in der Malklasse Wilhelms von Kaulbach, dessen monumentale Historiengemälde alles andere als nach Buschs Ge-

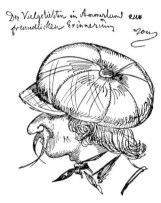

Selbstkarikatur 1858. Aus dem Karikaturenbuch des Vereins »Jung-München« (4, 447)

Hermann Nöldeke über Buschs Aufbruch nach München: »Und tief ergreifend ist mir immer das Bild, das nach der Erzählung meiner Mutter mir vor Augen steht, wie mein Onkel an einem trüben, öden Spätherbstmorgen in der Frühe vom Hause fortgegangen ist, um nach München zu reisen, kreidebleich und mit Tränen im Auge über die Erklärung des Vaters, daß die Rolle Taler, die er beim Abschied erhielt, nun das letzte sei, was er von ihm bekomme.« (N 125)

schmack sind: »'s war ne Dummheit, daß ich von Antwerpen fort und nach München ging; 's war so Zufall, weil Klemme hinging, durch den ich nach Düsseldorf und Antwerpen gekommen war. Wir gingen nach München, wo wir das Malen verlernten, das wir in Antwerpen gelernt hatten«, so Busch später (MWBG 1937, 42). Auch der dritte Versuch eines Kunststudiums scheitert; die Besuche an der ungeliebten Akademie werden immer seltener.

»Um so angenehmer war es im Künstlerverein, wo man sang und trank und sich nebenbei karikierend zu necken pflegte. Auch ich war solchen persönlichen Späßen nicht abgeneigt.« (4, 210) Gemeint ist die Künstlervereinigung »Jung-München«, die sich in der Kneipe »Beim Kappler« trifft: ein ordentlicher Verein, mit Statut und Fahne, wie sich das in deutschen Landen gehört. Busch wird Mitglied, ja 1859 ist er Mitbegründer der »Lichter der Nacht von Jung-München«. Zum Ruhm dieses »Bundes und Ordens« reimt er den Chor der Nachtlichter (»Das Öl ist uns das braune Bier, / Bis früh zum Morgen trinken wir«; 4, 447), gestaltet die Vereinsurkunde und entwirft eigens ein Bundeswappen.

Und noch in anderer Hinsicht tut er sich hervor. »Ich bin ein guter Deutscher; nur hab ich das Quantum Bier, welches mir von Rechts wegen zukommt, schon ehemals

Die erste Pflicht der Musensöhne
Ist, daß man sich ans Bier gewöhne.
Aus: Bilder zur Jobsiade
(2, 310)

Einige Jahre später (1865), so Buschs Bericht in einem Brief an Otto Bassermann, sind die Freunde in alle Richtungen zerstoben, und mit der schönen Gemütlichkeit ist es vorbei: »Fritz Loßow ist im Gebirg; da bleibt noch Küster, Dr. Wein, Dr. Bartolme, Kaffetier Riederer – autsch! – und hin und wieder als Besuffener der kleine Loßow, der vorgestern einem Herrn daselbst mitten auf den Rücken kotzte: Bier, Sardinen, Wurst und sonstige Brocken. – Wie sehr wünschte ich, du, lieber Freund, möchtest noch hier sein! –« (B 1, 40).

vorweggetrunken«, so Busch später an eine Freundin über die Münchner Zeit (B 1, 141).

Gedenkurkunden hin, Bundeswappen her: Der einst sich selbst feiernde Jungmännerbund nächtlicher Zecher ist zwischenzeitlich in Vergessenheit geraten … und wäre hier auch bestens aufgehoben, ginge es nicht darum, das bierselige Umfeld darzustellen, in dem sich Busch bewegt.

In diesem Kontext entstehen die frühen Arbeiten, die sich in der Kneipzeitung und dem Karikaturenbuch des Vereins finden: Karikaturen sowie humorige Gedichte zur allgemeinen Hebung der Stimmung. Busch verfaßt weiter Schwänke und schreibt Operettenlibretti. Auch am organisierten Frohsinn ist er als Planer und Regisseur für den Münchner Künstlerfasching beteiligt. Busch verfaßte den Text zum Märchenstück ›Hänsel und Gretel‹, das sein Vereinskollege Georg Kremplsetzer vertonte. Busch nahm selbst an der Aufführung im Fasching 1862 teil.

Auf dem Gebiet der hohen Kunst hingegen herrscht Flaute. Ein Studien- und Vereinskollege berichtet, daß sich alle hinter ihren Staffeleien mühten, Busch hingegen lag »höchst behaglich im Gras, rauchte sein Pfeifchen und machte seine schlechten Witze«. Ab und zu freilich zog er sein Büchlein hervor, worin er mit dem Zeichenstift schon einige Kameraden »festgenagelt« hatte (Bo 48). Während sich das Kunststudium mehr und mehr ver-

Wilhelm Busch im Faschingskostüm, 1862.

›Der Vetter auf Besuch‹ lautet der Titel einer Operette, die in Zusammenarbeit mit Georg Kremplsetzer entstand. Besagter Vetter wird vom eifersüchtigen Müller (»Ha! Mich treibt der Rache Wut! In meinen Adern kocht das Blut!« SW 1, 159) für den Liebhaber seiner Frau gehalten. Als Versteck dient eine Mehlkiste, um die herum sich ein turbulent-deftig-schlagfreudiges Hin und Her entspinnt, das in das unvermeidliche Happy-End mündet. »Das kleine Werk ist kein Edelstein der Literatur.« (MWBG 32, 13), vermerkt ein Buschkenner freundlich.

flüchtigt, übt sich Busch auf anderem Gebiet. Er verfertigt Karikaturen und Gebrauchstexte für das gesellige Vereinsleben – die ersten Schritte auf dem Weg zum späteren Bildergeschichtenzeichner.

Jubel, Trubel, Heiterkeit – Buschs nach außen gewandte Seite während der Münchner Jahre ist leicht beschrieben … im Gegensatz zum von Geldsorgen und Selbstzweifeln geplagten Innenleben des überalterten Studenten. In einem Jahre später verfaßten Brief heißt es: »Das Krähen des Hahns, der der Hel geweiht, ist freilich bedeutungsvoll. Den Dieben und Kranken, den armen Sündern und Gespenstern tönt vor Allen sein mahnender Ruf. Petrus ging hinaus und weinte bitterlich. Ich selber hab ihn oft gehört, wenn ich in der Fremde vom nächtlichen Gelage kam; er rief mir dann ein wohlbekanntes ländliches Haus vor die Seele, das Haus meiner Eltern.« (B 1, 140) Buschs Neffe Hermann bezieht diesen Brief auf schwere Schuldgefühle, die Busch insbesondere gegenüber seiner Mutter plagten (N 125). Und in der Tat hat er ja durch sein mehrfaches Scheitern nicht nur die Erwartungen des Vaters, sondern auch das von der Mutter in ihn gesetzte Vertrauen enttäuscht.

In einem anderen Brief vermerkt Busch über das Leben in München: »Die Macht der trägen Gewohnheit gab ihm eine Art von Bierphysiognomie, welche auf die Dauer nichts Gesundes erwarten ließ.« (B 1, 31) Entsprechend stellen sich im Herbst 1860 ernste Gesundheitsprobleme ein: »Einige Zeit glaubte ich, es sei aus mit mir.« Viel mehr ist über die als »Schleimfieber« (B 1, 20) bezeichnete Krankheit nicht in Erfahrung zu bringen, die Folge des Lebenswandels, des Alkohol- und Nikotinmißbrauchs war. Und auch seelische Spannungen, die er mit aller Macht in sich niederhielt, werden ihren Teil beigetragen haben.

Exkurs: »Ich rauche und schau durch das Fenster in die herbstlich nebelhafte Welt hinaus.« (B1, 226)

Zeit seines Lebens war Busch starker Raucher. Sein Neffe Hermann berichtet, daß Busch in seinen letzten Lebensjahren täglich 40–50 selbstgedrehte Zigaretten aus schwerem französischem Tabak rauchte, die Jahre zuvor noch mehr: »Zwischendurch rauchte er früher Pfeife, später Zigarren, aber eine ganz leichte, billige Sorte, die ihm gleichgültig war, wenn sie nur dampfte. Er tat das zur Unterbrechung des Zigarettenrauchens, das zu der schweren Nervenabspannung in den Achtziger Jahren auch seinen Teil beigetragen hatte und deshalb seit jener Zeit von ihm eingeschränkt wurde.« (N 144)

Bei Tisch nahm man dahingehend auf ihn Rücksicht, daß er die Mahlzeit schneller serviert bekam, »so daß er früher als wir anderen mit dem Essen fertig war« (N 56), woraufhin ihm die Hausangestellte sogleich Tabaksdose, Zigarettenpapier und Aschenbecher an den Tisch brachte. Ein anderer Neffe bemerkt über den kettenrauchenden und grübelnden Onkel: »Das Drehen der vielen Zigaretten, die er rauchte, war ihm dabei eine ebenso willkommene Unterhaltung wie wünschenswerte, wenn auch nur kurze Pause im fortwährenden Qualmen. Bei alledem aber grübelte er sich doch mit der Zeit in seinem Dachsbau so ein, daß der Gedanke öfter erwogen wurde,

Ganz arglos auf dem Schillerplatzel
Geht Kunos Freund, der Herr v. Gnatzel.
Aus: Maler Klecksel (4, 113)

Die erste *Zigarettenfabrik* wurde in Deutschland 1862 gegründet. Die Zigarette ist also zu diesen Zeiten eine moderne »Errungenschaft«. Die auf dem Lande verbreitete Pfeife und erst recht der Kautabak gelten als altmodisch. Die Zigarre, die bürgerlichen Wohlstand symbolisiert, wird als Zigarillo oder Stumpen auch dem kleinen Mann zugänglich. Einen steilen Anstieg nimmt der Zigarettenkonsum, da die Zigarette für Modernität, großstädtisches Flair und Eleganz steht.

ob's nicht ratsamer sei, von Wiedensahl fortzuziehen, weil die viele einsame Grübelei auf des Onkels Gemütszustand oft geradezu beängstigend zu wirken begann.« (N 73 f.)

Bei den Erkrankungen in den Jahren 1860, 1874 und 1881 handelt es sich mit großer Wahrscheinlichkeit um Nikotinvergiftungen.

Wilhelm Busch und Otto Bassermann.

Zu erwähnen bleiben schließlich noch die beiden wichtigsten Bekanntschaften im Verein »Jung-München«. Hier lernt Wilhelm Busch Otto Bassermann kennen, der ab 1871 sein Verleger sein wird. Und er begegnet Caspar Braun, der die zeichnerisch-karikaturistische Begabung seines Vereinskameraden erkennt. Caspar Braun ist gemeinsam mit seinem Kompagnon Friedrich Schneider Herausgeber der humoristischen Wochenschrift ›Fliegende Blätter‹ sowie des ›Münchener Bilderbogen‹ und verpflichtet Busch 1858 als Mitarbeiter. Busch verfügt nun erstmals über regelmäßige finanzielle Einnahmen; viel wird es in der ersten Zeit nicht gewesen sein, aber immerhin ein Lichtstreif am notorisch verfinsterten pekuniären Horizont.

Not kennt kein Gebot – von der hehren Kunst hat sich Busch auf die Niederungen verlegt. Er stolpert förmlich in das Genre, das ihm das willkommene Auskommen sichern und die unwillkommene Berühmtheit bescheren wird.

Studentischer Schlendrian am Beginn einer Erfolgsgeschichte, so mag die Jung-Münchner Zeit aus heutiger Perspektive erscheinen. Für Busch selbst hingegen, den gescheiterten Kunststudenten, der nun Witzblattzeichner geworden ist, beschreibt all dies die Geschichte des Niedergangs seiner künstlerischen Hoffnungen und Ambitionen.

4. Kapitel
Vom Bilderbogen zur Bildergeschichte

Es kann 59 gewesen sein, als zuerst in den ›Fliegenden‹ eine Zeichnung mit Text von mir gedruckt wurde: zwei Männer, die aufs Eis gehn, wobei einer den Kopf verliert. Vielfach, wie's die Not gebot, illustrierte ich dann neben eigenen auch fremde Texte. Bald aber meint ich, ich müßt alles halt selber machen. Die Situationen gerieten in Fluß und gruppierten sich zu kleinen Bildergeschichten, denen größere gefolgt sind. Fast alle hab ich, ohne wem was zu sagen, in Wiedensahl verfertigt.« (4, 210) In nicht zu überbietender Knappheit schildert Busch seinen beruflichen Werdegang von den Anfängen beim Verlag Braun & Schneider bis zur Publikation der größeren Bildergeschichten bzw. Bilderromane, d. h. er beschreibt eine Zeitspanne von ca. 25 Jahren.

Zunächst bäckt Busch als Mitarbeiter der ›Fliegenden Blätter‹ und der ›Münchener Bilderbogen‹ kleine Brötchen. Er verfaßt Textbeiträge von eher schlichtem Zuschnitt und illustriert fremde Texte. Im Oktober 1859 erscheint ›Der kleine Maler mit der Mappe‹, seine erste Bildergeschichte, die freilich noch ganz im Stil der ›Fliegenden‹ ohne durchlaufende Handlung ist und durch eine knappe Prosalegende erläutert wird. Weitere Beiträge wie die ›Die Maus‹, ›Der hohle Zahn‹ und ›Die Fliege‹ folgen, in denen Busch die Bilder zu einer kleinen Geschichte, wie z. B. das Ziehen des hohlen Zahns, aneinanderreiht. Oft sind diese Bildsequenzen noch ohne Worte und werden erst später auf Wunsch des Verlegers von

Der hohle Zahn, Zierhandschrift, spätestens 1868.

Busch mit einem Text versehen. Sodann erscheint ›Das Rabennest‹, die erste Bildergeschichte, die Busch von Anfang an mit gereimten Zweizeilern versieht. Formal ist somit die Gattung festgelegt, mit der er berühmt werden sollte. All die genannten Beiträge erscheinen 1861, was nach Jahren der Desorientierung auf einen fleißig arbeitenden Künstler schließen läßt.

Allmählich stellt sich auch Erfolg ein, nicht zuletzt zum Wohle des Verlags Braun & Schneider. Buschs meistverkaufter Bilderbogen, ›Der Virtuos‹, der 1868 (nachdem er 1865 bereits in den ›Fliegenden‹ unter dem Titel ›Ein Neujahrskonzert‹ erschienen war) veröffentlicht wird, erreicht eine Gesamtauflage von 178 000 Exemplaren (Pape 1981, 320).

Als Mitarbeiter der ›Fliegenden Blätter‹ und der ›Münchener Bilderbogen‹ produziert Busch keine hohe Kunst,

---

›Fliegende Blätter‹ war der Name einer illustrierten humoristischen Wochenschrift, die von 1844 bis 1944 in München beim Verlag Braun & Schneider erschien. Bis zur Revolution von 1848 vertrat man liberal-fortschrittliche Positionen, wurde nach deren Scheitern jedoch mehr und mehr konservativ-unpolitisch. Während der politische Witz im 1848 in Berlin gegründeten ›Kladderadatsch‹ ein Refugium fand, war in den ›Fliegenden‹ biederer Frohsinn und Unterhaltendes gefragt, dies freilich nicht ohne Niveau, wie die Liste der künstlerischen Mitarbeiter wie Adolf Oberländer, Franz Graf von Pocci, Carl Spitzweg und Moritz von Schwind belegt.

Die ›Münchener Bilderbogen‹ waren eine ebenfalls von Braun & Schneider verlegte Serie von Einblattdrucken künstlerischer Bilderbogen, die von 1848 bis 1898 in ca. 1200 Nummern erschienen und in denen Caspar Braun Beiträge aus den ›Fliegenden‹ (so 21 Bilderbogen von Busch) erneut verwertete, aber auch Originalbeiträge veröffentlichte. Bis 1871 lieferte Busch 131 Arbeiten für die ›Fliegenden‹ und 32 Originalbeiträge für die ›Bilderbogen‹ (Haberland, 6).

sondern populären Lesestoff. Der Erfolg solcher Publikationen (und somit auch der Erfolg Buschs) wird dank technischer Fortschritte, d. h. schneller und preiswerter Druckmethoden möglich, die den Zeitungsdruck, insbesondere aber auch die Verbreitung illustrierter Unterhaltungsblätter forcieren. Ab etwa der zweiten Hälfte des 19. Jahrhunderts werden zahlreiche Zeitschriften wie, um die berühmtesten zu nennen, ›Die Gartenlaube‹, ›Über Land und Meer‹ und eben auch die ›Fliegenden Blätter‹ gegründet: die Vorläufer der modernen Illustrierten. Sie bedienen das Unterhaltungsbedürfnis eines auf dem politischen Rückzug befindlichen Bürgertums. Wirtschaftlich ist man (falls man nicht zu den Verlierern des Booms der »Gründerjahre« gehört) erfolgreich und präferiert ansonsten das Private: ein zahlungskräftiges Publikum, das sich bilden, das vor allen Dingen aber auch unterhalten sein will. Busch, der in seinen neuen Tätigkeitsbereich hineingeschlittert ist, findet sich unversehens in einem prosperierenden Gewerbe wieder.

Auch Moritz von Schwind, der berühmte Maler und Zeitgenosse Buschs, hat sich als Illustrator von Kinderbüchern und als Mitarbeiter des ›Münchener Bilderbogen‹ der populären Graphik zugewandt. Ähnlich wie bei Busch ist ihm dies »Brotarbeit«, die im Gegensatz zu seinem eigentlichen Anliegen, der Malerei, steht. Für die Gemälde finden sich allerdings weit schwerer Käufer als für die populären Holzschnittzeichnungen, so daß ihm nichts anderes übrigbleibt als »ein paar Monate lang hinsitzen und Kinderbücher illustrieren und ähnliches Lumpenzeug zum Schaden meiner Augen, meines Renomees und meines Fortschreitens in der Kunst«. (Pape 1981, 320) Busch vermerkt zu dem Problemkomplex trocken: »Oft trifft man wen, der Bilder malt, / Viel seltner wen, der sie bezahlt.« (4, 545)

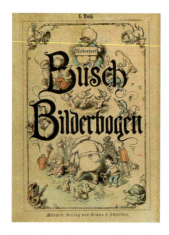

München, Braun & Schneider, o. J. (ca. 1900).

»Der Erfolg ist die wahre Muse des Bildergeschichtenerzählers Wilhelm Busch« (Kreutzer, WBJb 1982, 31): ein Erfolg, der dem Zusammentreffen der Ausnahmebegabung mit technischen und gesellschaftlichen Bedingungen, die dieser Begabung die Entfaltung ermöglichen, zu verdanken ist.

Eine Muse, die immerhin für künstlerische Inspiration zuständig ist, mag man sich weniger schnöde denken und daher auch über die zweite Muse Buschs verwundert sein. Sie wirkt zugegebenermaßen etwas hölzern und ungelenk. Wohl deshalb trifft sie auf einen Widerspenstigen, der sich nur ungern von ihr küssen läßt.

»Ich saß seit 4 Wochen bis über die Ohren in Zeichnungen, die ich heute abgeschloßen – was mir lieb. Die nächsten vier Wochen werd ich ›in Holz‹ sitzen – was mir nicht lieb.« (B 1, 151), so Busch über die Arbeiten an den ›Abenteuern eines Junggesellen‹. Die ungeliebte Arbeit »in Holz« wurde durch die Xylographie (Holzdruck) notwendig. Diese war das wichtigste reproduktionsgraphische Verfahren des 19. Jahrhunderts, da Bild und Text zugleich auf modernen Druckpressen vervielfältigt, d. h. preisgünstig und schnell gedruckt werden konnten. Arbeit in Holz bedeutete, daß Busch seine Zeichnungen seitenverkehrt auf Holzstöcke übertragen mußte (vgl. 108). Diese wurden sodann dem Xylographen (Holzschneider) gebracht, der die Linien mit dem Stichel herausarbeitete und den Stock druckfertig machte. Künstlerisch war die Xylographie Techniken wie der Radierung oder der Lithographie (Steindruck) aufgrund der Notwendigkeit zur Verknappung deutlich unterlegen: ein »Makel«, der zur Herausforderung und Chance für einen Zeichner werden sollte, der sich wie kaum ein anderer auf die hohe Kunst der Reduktion verstand.

Bilder, die wirken, als wären sie mit leichter Hand hingeworfen, entstehen. Den Eindruck der Leichtigkeit und Einfachheit verdanken sie allerdings nicht nur Buschs Begabung, sondern auch seiner sorgfältigen Arbeit – letzteres ein schier unerschöpflicher Quell des Ärgers über schlampig arbeitende Xylographen. Wütend schreibt Busch über den »Holzwurm« Ettling: »Er capirt eben nicht, daß, trotz aller anscheinenden Flüchtigkeit, diese Sachen im Ausdruck höchst gewißenhaft sind.« (B 1, 76 f.) Wie für manch andere Künstler ist auch für Busch der größte Nachteil dieser Technik, daß man auf einen Xylographen angewiesen bleibt, der das Endprodukt gegebenenfalls in einer Weise abliefert, die, »(e)inem fast alle Freude verderben und die man doch nicht ändern kann, weil man die Thäter nicht zu ändern vermag.« (B 1, 87)

Und noch in einer weiteren Hinsicht wirkt die Muse Holzschnitt inspirierend. Da sie keine feine Strichführung zuläßt, tritt die Kontur in den Vordergrund und ver-

---

Th. Th. Heine, der berühmte Karikaturist des ›Simplicissimus‹, über Busch als Zeichner: »Liebermann hat einmal gesagt: Zeichnen ist Weglassen. Ja, so scheint es, wenn man das Resultat betrachtet. Ich glaube aber kaum, daß jemals gute Zeichnung durch bloßes Weglassen des Unwesentlichen entstanden ist. Je mehr es dem Zeichner gelingt, das Leben durch wenige Linien wiederzugeben, desto näher ist er der Vollendung. Die gute Zeichnung ist immer eine Neuschöpfung in vereinfachter Form, eine Stenographie des Angeschauten. Busch ist der eigentliche Erfinder der zeichnerischen Kurzschrift. Ich weiß keinen Vorgänger, dem es gelungen wäre oder der auch nur versucht hätte, in so knappen Strichen das Leben einzufangen, durch einen einfachen Federzug so unerhört gesteigerte Bewegung, so unvergeßliche Typen mitsamt der ihnen zukommenden Umgebung auf einem kleinen Blättchen Papier hervorzuzaubern. Das ist die höchste Vollendung des Handwerks, daß kein Tropfen Schweiß an dem fertigen Werk zu kleben scheint. Ich zweifle nicht, daß diese Leichtigkeit nur durch viel Arbeit und gründliche Mühe erreicht werden konnte.« (JWBG 1952, 33)

Smorzando.
Aus: ›Ein Neujahrskonzert‹
bzw. ›Der Virtuos‹ (1, 406)

»Hol – – – upp!!!«
Vergebens ist die Kraftentfaltung;
Der Zahn verharrt in seiner Haltung.
Aus: Balduin Bählamm, der verhinderte Dichter (4, 65)

leiht den Buschschen Figuren ihre spezifische Charakteristik. »Konturwesen« (4, 210) nennt er nur konsequent seine gezeichneten menschlichen und tierischen Kinder.

Konturwesen halten einiges aus. Sie lassen sich strecken, stauchen, pressen, dehnen, knittern, winden, kurz: nach Belieben verformen und verfremden – ganz oder teilweise, je nachdem wie es ihrem Vater gerade in den Sinn kommt. Das musikliebhabende Konturwesen z. B. hat in dem Augenblick, da es ganz Ohr ist, tatsächlich ein überdimensioniertes Ohr.

So sind die Konturwesen in ihrer Einfachheit leicht verständlich und stecken zugleich doch voller Überraschungen. Wohl deshalb werden sie von den Lesern so geliebt und natürlich auch, weil sie quicklebendig sind. Um diesem Bewegungsdrang gerecht zu werden, sind Erfindungsreichtum und Können des Zeichners gefragt.

Freilich sind die Konturwesen zu quirlig, um sich in den Rahmen des Einzelbildes bannen zu lassen. So läßt Busch Bild auf Bild in fast filmisch wirkenden Sequenzen aufeinanderfolgen, und prompt lernen die Bilder und mit ihnen die Konturwesen laufen: »Die Situationen gerieten in Fluß und gruppierten sich zu kleinen Bildergeschichten«, sagt Busch, denn aus den Bildsequenzen entwickeln sich fast von selbst kleine Geschichten, die vom nunmehr bewegten Leben der Konturwesen berichten, von ihrem Wohl und Weh …

Ab der Bildergeschichte ›Herr und Frau Knopp‹ (1876) steigt Busch auf die photomechanische Bildübertragung durch Zinkographie (Strichätzung) um. Seitdem bleibt ihm die aufwendige seitenverkehrte Übertragung auf den Druckstock erspart. Mit der neuen Methode konnte die Zeichnung direkt übernommen und ohne Verluste wiedergegeben werden. Was ab 1876 als stilistischer Wandel in den Zeichnungen Buschs erscheint, ist also in Wahrheit ein Wechsel in der Reproduktionstechnik.

… eigentlich eher von ihrem Weh, denn aufgrund ihres unverwüstlichen Naturells sind sie förmlich dazu prädestiniert, von einem Malheur ins nächste zu stolpern. Die Konturwesen erweisen sich somit als Idealbesetzung für den Klassiker und Dauerbrenner aller Komik: den Sturz. Busch zeigt sich hier als wahrer Könner, dessen Repertoire vom schlichten Abflug in die Tiefe zum Sturz mit einfacher Passionspirouette oder eingesprungener doppelter Qualschraube reicht. Meisterlich ist auch seine Darstellung des Kaskadensturzes, bei dem das zunächst ins Trudeln geratene und dann unwiderstehlich abwärts gerissene Konturwesen alles, was ihm in die nach Rettung ringenden Arme kommt, mit sich reißt.

Buschkenner wissen, auch ohne das dann folgende Bild zu kennen, sofort, wen es als nächsten dahinrafft.

Die Lene rutscht, es rutscht die Hanne;
Die Tante trägt die Kaffeekanne.

»Busch hat seine Bildergeschichten nicht gleichmäßig mit Versen versehen; gelegentlich kommt er ohne sie aus und läßt dann den filmischen Charakter seiner ›sprachlosen‹ Erzählkunst verschärft hervortreten: Seine raschen, überstürzten Bildsequenzen weisen auf die frühen Filme Chaplins hin, auf deren ruhelose Abfolge von grotesken Einfällen und brüsken Situationsveränderungen.«
Gert Sautermeister (WBJb 1970, 33)

»Wie sieht der Entstehungsprozeß dieser Geschichten technisch aus? Laut Adolf Nöldeke ließ sich Buschs Papierkorb entnehmen, daß der Künstler ›dieselbe Zeichnung zwanzig-, ja, dreißigmal und öfter probiert hatte, ehe sie zu seiner Zufriedenheit geriet‹. Unmittelbar bei der Arbeit zugesehen hat dem Künstler freilich keiner. Doch bestätigen die wenigen, zufällig erhalten gebliebenen Arbeitsunterlagen, die ihr Urheber sonst systematisch vernichtet hat, die stufenweise Erkundung von Bewegungsmomenten und ihre Einübung bis zur überzeugenden Lebensfülle, die die schließlich souverän beherrschte Form auszeichnet.« *Hans Ries (1998, 28)*

Da geht es klirr! und klipp! und klapp!
Und auch der Onkel kriegt was ab.
Aus: Die Fromme Helene (2, 220 f.)

Der Pudel heult und ist verletzt,
Weil Döppe seinen Schwanz besetzt. (3, 246)

Last not least bleibt noch die Königsdisziplin zu erwähnen: der Synchronsturz. Beispielhaft vorgeführt in ›Nur leise‹ (1877/78) durch Studiosus Döppe und seinen treuen Gefährten, einen Pudel. Döppe hatte sich zuvor durch nächtliches Treppengepolter bei der von ihm verehrten Pauline unbeliebt gemacht, die er nun durch vorbildliches Verhalten für sich einzunehmen sucht. Vergeblich! Dank ausgezogener Stiefel gelingt zwar ein leise schleichender Aufstieg (»Fast ist er schon dem Gipfel nah / Und denkt, der letzte Tritt ist da.«), dem aber leider der polternd schnelle Abstieg folgt. Mensch und Tier beeindrucken (allerdings nicht Pauline) durch eine gemeinsame Rolle vor- und rückwärts, gefolgt von einer synchronen, allein durch ein kleines Malheur getrübten Landung.

Noch ein weiterer Stolperer sei an dieser Stelle hinzugefügt, der eines jungen Mannes, der in seine Karriere förmlich hineinstolpert. Niemand war von der Entwicklung, die ihn zum berühmten Humoristen und meisterhaften Erzähler von Bildergeschichten machte, überraschter als Busch selbst. Und niemand wäre wohl verwunderter gewesen als er, hätte er absehen können, daß ihn seine Konturwesen zu einem der Väter des Comics gemacht haben.

Im Jahr 1864 werden die ›Bilderpossen‹ bei Heinrich Richter in Dresden veröffentlicht, Buschs erstes Buch, das allein Bildergeschichten enthält. In ihm findet sich neben ›Katze und Maus‹ und ›Hänsel und Gretel‹ ›Krischan mit

---

Busch ist nicht der Erfinder der Bildergeschichte, aber derjenige, der es zu einer ersten Meisterschaft in diesem Genre gebracht hat. Als eigentlicher Erfinder (und somit wie Busch als einer der Väter des Comics) gilt der Genfer Zeichner und Novellist Rodolphe Töpffer (1799–1846). Töpffer, der von Goethe für eine Faust-Parodie gelobt wurde, veröffentlichte ab 1833 seine Bildergeschichten, in denen er vor allem die gute Gesellschaft karikierte.

der Pipe‹: die Geschichte vom rauchenden Krischan, dem sich vor Übelkeit alles dreht, so daß sich die Möbel in Konturwesen verwandeln, die ihn in surreal anmutenden Bildern umtanzen und bedrängen. Und man begegnet dem »Eispeter«, einem der vielen bösen Buben Buschs (mit ›Diogenes und die bösen Buben von Korinth‹ hat er 1862 die erste Streichgeschichte veröffentlicht), hier in Gestalt eines passionierten Eisläufers, der alle Warnungen ausschlägt und das Eislaufen auch dann noch nicht lassen kann, als er bereits einmal ins Eis eingebrochen ist.

Vater und Onkel ziehen los, sägen Peter aus dem Eis und bringen ihn ins Haus zum warmen Ofen.

*Und jeder fragt: Was mag das sein?
Das ist ja wie ein Stachelschwein!*

*Ach, aber ach!
Nun ist's vorbei!
Der ganze Kerl
zerrinnt zu Brei.*

Was bleibt den armen Eltern anderes übrig, als ihren Peter vom Boden aufzulöffeln, um ihn – bei dieser Konsistenz wahrlich keine leichte Aufgabe! – zur letzten Ruhe zu betten.

*Ja, ja! In diesen
Topf von Stein,
Da machte man
den Peter ein
(1, 294 ff.)*

Hat Busch seinen Lesern zuviel zugemutet? Auf jeden Fall werden die ›Bilderpossen‹ ein Mißerfolg.

Offenbar plagt Busch ein schlechtes Gewissen wegen der finanziellen Verluste Richters. Im selben Jahr bietet er ihm das Manuskript von ›Max und Moritz‹ zur Veröffentlichung an und verzichtet auf jeglichen Honoraranspruch. Richter bespricht sich mit Freunden und seinem Vater und lehnt das Manuskript sodann wegen mangelnder Verkaufsaussichten ab. Caspar Braun hingegen greift zu. Am Beginn des Jahres 1865 erwirbt er für die einmalige Zahlung von 1000 Gulden (= 1710 Goldmark) alle Rechte an Buschs Manuskript. Die Summe entspricht etwa zwei Jahreslöhnen eines Handwerkers: für Wilhelm Busch ein erkleckliches Sümmchen, für Caspar Braun ein Schnäppchen, das sich zum verlegerischen Glücksgriff seines Lebens entwickeln sollte.

5. Kapitel
Max und Moritz: Die Bösen Buben

»Wiedensahl d. 5. Febr. 65.

Mein lieber Herr Braun!
Wie sehr würde es mich freuen, einmal wieder etwas von
Ihnen zu hören! Ich schicke Ihnen nun hier die Geschichte
von Max u. Moritz, die ich zu Nutz und eignem Plaisir
auch gar schön in Farben gesetzt habe, mit der Bitte, das
Ding recht freundlich in die Hand zu nehmen und hin
und wieder ein wenig zu lächeln. Ich habe mir gedacht, es
ließe sich als eine Art kleiner Kinder=Epopöe vielleicht
für einige Nummern der fliegenden Blätter und mit ent-
sprechender Textveränderung auch für die Bilderbögen
verwenden.« (B 1, 32), – so Busch an Caspar Braun, der
sich mit rechtem verlegerischem Gespür gegen die Ein-
zelveröffentlichung der Streiche in den ›Fliegenden‹ ent-
scheidet. Statt dessen verlegt er ›Max und Moritz‹ als
Buch, dessen Erstauflage 1865 erscheint.

Busch schreibt an Braun, daß er das Manuskript »gar schön
in Farben gesetzt habe«, denn ›Max und Moritz‹ ist die
erste Bildergeschichte, die er koloriert. In Buschs Handschrift sind die Zeichnungen mit zarten Farbakzenten
in Aquarelltönen versehen, verschiedene Bilder bleiben
unkoloriert. Die Farbgebung wirkt insgesamt sehr zu-
rückgenommen.
    In der mit Schablonen (also von Hand in Kolorieranstal-
ten) vorgenommenen blassen Kolorierung der Erstaus-

Erstausgabe 1865: Blasser Schablonenkolorit.

gabe orientiert man sich noch stark an der Handschrift. Zur Verbesserung des Verkaufs gibt man diese Zurückhaltung bald auf. In der Folgezeit werden Max und Moritz immer bunter, zumal als ab 1918 der Farbendruck eingeführt wird.

Im Jahr 1886, also nach über zwanzig Jahren, in denen das große Geschäft an Busch vorbeigezogen ist, sind seine Erinnerungen an Braun zwiespältig: »Daß ich an ›Max und Moritz‹ meinen reichlichen Antheil gehabt, läßt sich kaum sagen. Sie wurden nach demselben Maßstab von ungefähr 3 Gulden bezahlt, den der alte Braun für meine frühsten Zeichnungen selbst bestimmt hatte. […] Längst seh ich die Sach gelind und heiter an, und eine Erörterung meines Verhältnißes zum alten Kaspar in der Öffentlichkeit ist mir stets unerwünscht und peinlich gewesen. Obschon der alte Knabe meine Adreße nicht wußte, als einst andere Verleger danach fragten; obschon er in den sechziger Jahren in einem Artikel über sich und seine Mitarbeiter den Grafen Pocci mit einer Zeichnung ausstattete, die von mir war, obschon er mir, trotz spärlichen Honorars, auch noch das Manuskript mit den Originalzeichnungen zu ›Max und Moritz‹ abbettelte – …« (B I, 273).

Ausgabe 1959: Mehrfarbiger Offset-Rasterdruck.

Busch bezeichnet sein Manuskript als eine Art Kinder-Epopöe, also ein kleines episches Gedicht für Kinder. Ob ›Max und Moritz‹ überhaupt als Kinderbuch zu betrachten ist, bleibt dennoch nicht unumstritten, denn auch Busch äußert sich nicht eindeutig. Der zitierten Stelle aus dem Brief an Caspar Braun stehen die Erinnerungen der Fanny von Pannewitz, die 1876 Busch auf einem Empfang ihrer Großeltern getroffen hat, entgegen: »Er erklärte uns, Max und Moritz sei kein Kinderbuch, sondern wirkte verderblich auf Kinder, die man nicht mit Karikaturen großziehen müsse, es sei für große ›Kindsköpfe‹.« (BG I, 1303) Einmal Hü! und einmal Hott!, so der verwirrende Befund, der – wenn man ihn nicht vorschnell vereindeutigt – auf einen ambivalenten Autor hinweist, der einerseits die Veröffentlichung seines Werkes betreibt, andererseits aber zu diesem nicht stehen kann. Es bleibt die salomonische Feststellung, daß ›Max und Moritz‹ traditionell sowohl von Erwachsenen als auch von Kindern gelesen wird. So oder so handelt es sich um ein außergewöhnliches Werk, denn das »Anti-Kinderbuch« (Pape) steht konträr zu den Erwartungen, die man zu diesen Zeiten an ein Kinderbuch hat.

Die zeitgenössische Sicht des Kindes wird vom Denken der Aufklärung bestimmt. Man geht von der guten Natur des Menschen aus und glaubt, daß diese noch unverdorben im gutherzigen und unschuldigen Kind zutage tritt. Handelt das Kind böse, ist dies als Ergebnis mangelnder Förderung und einer verfehlten Erziehung anzusehen. Ganz in diesem Sinne decken der erfolgreiche Jugendbuchautor Christoph von Schmid und seine Nachfolger »die lieben Kleinen« mit moralisch Erbaulichem und vermeintlich pädagogisch Hochwertigem ein.

Der Kontrast zu ›Max und Moritz‹ könnte kaum größer sein. Eben hier wird man auch die Gründe für die Ablehnung des Manuskripts bei Richter in Dresden zu suchen haben. Richter, sein Vater und einige Malerfreunde hätten sich – so Buschs Bericht – »sehr darüber amüsirt (...), aber solche Leute kauften keine Bücher« (B 1, 270). Richter fürchtete also ein Verlustgeschäft, da er sich nicht vorstellen konnte, daß bildungsbeflissene gutbürgerliche Eltern ›Max und Moritz‹ zur Förderung ihrer Kinder erwerben würden. Auf dem Kinderbuchmarkt waren vielmehr erbaulich-lehrreiche Werke, die man mit idyllisch-süßlichen Kinderszenen illustrierte, in Mode. Ob es auch Spaß gemacht hat, sie zu lesen?

Buschs Werk ist nicht ohne den ›Struwwelpeter‹, seinen Vorläufer, zu denken. Er wurde im Jahr 1844 von Heinrich Hoffmann für seinen dreijährigen Sohn verfaßt und nur ein Jahr später unter dem Pseudonym »Reimerich Kinderlieb« veröffentlicht. Wie ›Max und Moritz‹ erzählt auch der ›Struwwelpeter‹ nicht von artigen, sondern von unartigen Kindern: dem Friederich, der ein arger Wüterich und von Paulinchen, das allein zu Haus war, vom Zappel-Philipp, dem Suppen-Kaspar, dem Daumenlutscher und vom Hans-Guck-in-die-Luft.

Auch hier gedeiht das Unrecht nicht, und die bisweilen drastische Strafe folgt auf dem Fuß. Dennoch kann man sich des Eindruckes nicht erwehren, daß die unterhal-

Bildausschnitt ›Struwwelpeter‹: Friederich ist von einem Hund, den er gequält hat, gebissen worden. Er liegt im Bett und bekommt »bittre Arzenei«, während es sich der Hund an Friedrichs Tischchen gutgehen läßt.

tende Dimension gegenüber dem Erbaulich-Pädagogischen in den Vordergrund tritt. Der Untertitel ›lustige Geschichten und drollige Bilder‹ verweist in diese Richtung wie auch die Tatsache, daß Hoffmann, der Arzt war, seine Geschichten zur Ablenkung ängstlicher kleiner Patienten einsetzte. »Der *Struwwelpeter* gilt heute als Prototyp eines Kinderbuches, das die moralisch-pädagogische Intention durch die Lust an den dargestellten Ungezogenheiten konterkariert« (163), schreibt Kaspar H. Spinner. Nicht anders läßt sich ›Max und Moritz‹ charakterisieren – mit dem einzigen Unterschied, daß Buschs karikaturistisches Talent und sein Hang zur grotesken Überspitzung die Doppelbödigkeit auf höchstem Niveau zur Darstellung bringt.

Nicht finstere Unholde, sondern putzig-stupsnäsige Knaben schauen zu Beginn von Buschs Bubengeschichte vielleicht etwas keck, im großen und ganzen aber doch recht freundlich in die Welt. Doppeldeutig wie das Verhältnis von Bild und Text ist auch die Einleitung im hochmoralischen Ton, auf die nun eigentlich die abschreckenden Beispiele folgen müßten. Statt dessen folgen sieben Streiche, die natürlich niemanden abschrecken, sondern den Leser in die Lust am Torpedieren der dörflichen Ordnung mit hineinnehmen.

Ach, was muß man oft von bösen
Kindern hören oder lesen!!
Wie zum Beispiel hier von diesen,
Welche Max und Moritz hießen;

Die, anstatt durch weise Lehren
Sich zum Guten zu bekehren,
Oftmals noch darüber lachten
Und sich heimlich lustig machten. – (1, 343)

»Du fragst, ob Max u. Moritz eine wahre Geschichte sei. Nun, so ganz wohl nicht. Das meiste ist bloß so ausgedacht, aber einiges ist wirklich paßiert, und denn, daß böse Streiche kein gutes Ende nehmen, da wird sicher was Wahres dran sein.« (B 2, 297) – so Busch 1901 auf die Anfrage eines Mädchens. In der Tat fanden Reminiszenzen an die Jugendfreundschaft mit Erich Bachmann Eingang. Ebenso ist eine gewisse physiognomische Ähnlichkeit zwischen Busch, wie er sich selbst karikiert, und Moritz – abzüglich der in die entgegengesetzte Richtung stehenden Haartolle und den unverkennbaren Folgen des Bierkonsums – nicht zu übersehen.

Im Grunde verhält es sich ähnlich, wie wenn die »Sittlichkeit« durch die Darstellung des »Unsittlichen« verteidigt und sodann auf den zweiten Platz des Interesses verwiesen wird. Ein Wechselspiel der Perspektiven beginnt, das zumal in Zeiten bürgerlicher Doppelmoral hochbeliebt ist, denn es ermöglicht, sich als »Anständiger« am »Unanständigen« zu erfreuen.

Die Spießermoral wird ausgetrickst, in Frage gestellt wird sie nicht. Ja, man kann sogar überlegen, inwieweit dieses Ventil des angeblich harmlos Heiteren zu ihrer Stabilisierung beiträgt. Scheinheilig bleibt das Verfahren allemal, was auch einem Zeitgenossen nicht entgeht, der sich besorgt zu Wort meldet: »Die für den ersten Anblick ganz harmlos und belustigend erscheinenden Caricaturen auf manchen ›Münchener Bilderbogen‹, in ›Max und Moritz‹ und andern Büchern von W. Busch und dgl. sind eins von den äußerst gefährlichen Giften, welche die heutige Jugend, wie man überall klagt, so naseweis, unbotmäßig und frivol machen.« (Pape 1981, 333) Noch 1970 weigerte sich der Schulausschuß der Stadt Göttingen, eine Schule nach Busch zu benennen, da dessen Werke grausam und jugendgefährdend seien.

Die bösen Buben werden vom heimlichen Einverständnis der Leser begleitet, was kaum verwundert, wenn man sich vergegenwärtigt, wem die Streiche gelten. Da ist die zur Korpulenz neigende Witwe Bolte, die

---

Im »Dörflein meiner Kindheit«, das Busch in seiner ersten Selbstbiographie beschreibt, herrschen unter der idyllischen Oberfläche grausige Zustände: »Aber auch hier gibt's arme Leutchen. – Es ist noch die gute alte Zeit, wo man den kranken Handwerksburschen über die Dorfgrenze schiebt und sanft in den Chausseegraben legt, damit er ungeniert sterben kann; obschon der unbemittelte Tote immerhin noch einen positiven Wert hat; unter anderm für den Fuhrmann, der ihn zur Anatomie bringt.« (4, 154)

bittere Tränen über ihre getöteten Hühner vergießt, um sich dann aber doch verdächtig schnell auf die Schmackhaftigkeit der Verblichenen zu besinnen. Es gibt weiter den hysterischen Schneider Böck, der wegen eines kleinen »Schneider, Schneider, meck, meck, meck!!« (1, 357) völlig die Fassung verliert, sowie Lehrer Lämpel, einen notorischen Bildungsversaurer, dem für den kurzen Explosionsaugenblick seiner Pfeife die Besserwisserei vergeht. Es folgt der Oberspießer und Zipfelmützenträger Onkel Fritz, dem durch einen nächtlichen Krabbelkäferangriff sein höchstes (und vermutlich auch einziges) Gut, die Ruhe, geraubt wird, sowie ein sadistischer Bäcker, der teigumhüllte Knaben in den Backofen schiebt, und Bauer Mecke – »Wat geiht meck dat an?!« (1, 389) –, dem eh alles egal ist.

*»Fließet aus dem Aug', ihr Tränen!
All mein Hoffen, all mein Sehnen,
Meines Lebens schönster Traum
Hängt an diesem Apfelbaum!!«*
 (1, 348)

Biederkeit als Heimsuchung, die dörfliche Idylle als Szenario des Schreckens. Man kann kaum anders, als sich auf die Seite von Max und Moritz zu schlagen – und befindet sich doch keineswegs auf Seiten der »Guten«.

Im Gegensatz zu den meisten seiner Zeitgenossen geht Busch nicht von der Gutheit, sondern der natürlichen Bosheit des Menschen aus. Von eben dieser existentiell bösen Art sind Max und Moritz – in ihrer Aggressivität und Hinterhältigkeit, ihrem Willen zu schädigen und in ihrer Häme, wenn sie mit alldem Erfolg haben. Noch

---

Die Tante winkt, die Tante lacht:
He, Fritz, komm mal herein!
Sieh, welch ein hübsches Brüderlein
Der gute Storch in letzter Nacht
Ganz heimlich der Mama gebracht.
Ei ja, das wird dich freun!
Der Fritz, der sagte kurz und grob:
Ich hol 'n dicken Stein
Und schmeiß ihn an den Kopp! (2, 509)

ohne die Fassade bürgerlicher Wohlanständigkeit tobt sich hier der rücksichtslose Lebenswille als Wille zur Macht roh und ungebändigt in der Freude am Quälen und Unterwerfen aus (vgl. S. 85).

So stehen im brüchigen Dorfidyll »Buben« gegen »Biedere«. Brutal schlagen die Buben zu, brutal schlagen die Biederen zurück, denn im Kern sind sie aus einem Holz geschnitzt. Busch durchbricht das klassische Gut-Böse-Schema mit erstaunlichem Ergebnis: die einen sind so schlecht wie die anderen. Ende nicht gut, alles nicht gut. Die Geschichte von Max und Moritz ist nicht zuletzt auch Ausdruck von Buschs zutiefst pessimistischem Welt- und Menschenbild.

Exkurs: Todesarten

Also geht alles zu Ende allhier:
Feder, Tinte, Tobak und auch wir.
Zum letztenmal wird eingetunkt,
Dann kommt der große schwarze ● (2, 346)

Freilich bietet der Weg bis zum Endpunkt Busch, der bei diesem Thema ein großes Maß an Phantasie entwickelt, die willkommene Gelegenheit, alle Register seiner Kunst zu ziehen.

Zwar bitter für die Hexe, in der Gestaltung aber noch eher konventionell, ist deren Tod (»Die Hexe kriegte ihren Lohn, / Tot hängt sie an der Gabel schon.«; 1, 335) in eben dem Kessel, in dem sie gerade Hänsel und Gretel kochen wollte: ein typisches Ende, wie man es aus Märchen kennt.

Virtuoser gestaltet sich da schon das Ableben in folgenden Beispielen. In ›Schreckliche Folgen eines Bleistifts‹ nimmt das Unglück von einem fahrlässig an beiden Seiten angespitzten Bleistift seinen Ausgang, durch den sich ein Liebespaar bei der leidenschaftlichen Umarmung wechselseitig ersticht (1, 68). In ›Schreckliche Folgen der Neugierde dargestellt an einem Bauern in der Barbierstube‹ reckt besagter Bauer im falschen (und für ihn letzten) Augenblick seinen Hals.

Die beiden Tunichtgute, die den weisen Philosophen Diogenes vom Denken abgehalten und gepiesackt haben, werden von dessen Faß überrollt und final geplättet (1, 163).

Aus: *Schreckliche Folgen der Neugierde* (1, 71)

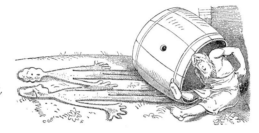

*Die bösen Buben
von Korinth
Sind platt gewalzt,
wie Kuchen sind.*
(1, 163).

Gegebenenfalls tödlich, auf jeden Fall extrem ungesund sind die Folgen für den Knaben Franz, der den biederen Herrn Bartelmann mit seinem Pusterohr so lange ärgert, bis dieser zur Gegenwehr schreitet: »Und – klapp! schlägt er mit seinem Topf / Das Pusterohr tief in den Kopf!« (1, 505)

Unrecht gedeiht auch im Falle der Räuber nicht, die es besser vermieden hätten, sich mit der kühnen Müllerstochter anzulegen (1, 540 ff.). Der eine wird vom Mühlstein plattgemacht (»Und – patsch!, der Räuber lebt nicht mehr / der Mühlstein druckt ihn gar zu sehr«), der andere in einer Kiste erstickt (»Schnapp!- ist der Hals ihm eingeklommen; / Er stirbt, weil ihm die Luft benommen.«).

Ein weiterer Räuber wird gar auf besonders schmerzliche Weise seines Lebens entwunden.

Nicht auf jede Vereisung des Übeltäters folgt – wie im Falle des Eispeter – dessen Verflüssigung. Hier versagt natürlich der bei Eispeter so nützliche Bottich, statt dessen

*Ha! Hu! – Er ist eh er's gewollt
Wie Rollenknaster aufgerollt.*

bieten sich andere Möglichkeiten zur Beseitigung der sterblichen Überreste an.

Bauz! Klirr! – er stolpert an der Schwelle;
Der Louis ist ein Eisgerölle.

Da nimmt der gute Nachbar schnell den Besen
Und fegt hinaus, was Louis einst gewesen.
Aus: Der Wurstdieb (S. 554 f.)

Eine Herausforderung der besonderen Art stellt das Mehrfachableben dar, das Busch in der ›Ballade von den sieben Schneidern‹ als Choreographie des sukzessiven Dahingerafftwerdens (letaler Dominoeffekt) kunstvoll gestaltet (1, 110).

Geradezu ein Massenexitus ist in ›Trauriges Resultat einer vernachlässigten Erziehung‹ zu beklagen. Ärgert doch Fritz, der böse Bube, Schneider Böckel derart, daß dieser ihm den Kopf mit seiner Schere abschneidet und den Körper in den Fluß wirft. Als die Mutter beim Kochen ihren Fritz im Fischbauch wiederfindet, stürzt sie vom Schlag getroffen hinterrücks in das auf dem Boden liegende Fischmesser, während der Vater, der gerade eine Prise Schnupftabak zu sich genommen hat, vor Schreck niesen muß, darüber ins Straucheln gerät und aus dem Fenster fällt. Am Ende der Flugbahn des vollschlanken Mannes befindet sich fatalerweise die eh schon gebrechliche alte Tante, die ihre Unvorsichtigkeit mit dem Leben bezahlt. Des weiteren wird ein unbeteiligter Passant fälschlich erhängt, bis dann doch – Ende gut, alles gut! – die Gerechtigkeit siegt und Schneider Böckel sich selbst mit seiner Schere einen Kopf kürzer macht.

Im Vergleich hierzu wirkt das Ableben durch Blitzeinschlag (»Huitt!! – Knatteradoms!! – ein Donnerkeil – / Und Alopecius hat sein Teil.« 2, 100) oder durch eine im Hals quersteckende Gräte (»Und hustet, bis ihm der Salat / Aus beiden Ohren fliegen tat.« 2, 274) eher schnörkellos und schlicht.

Zu erwähnen bleibt an dieser Stelle noch der gute Knopp, der auf seine alten Tage vor sich hinschrumpelt, bis ihm letztendlich die Parze den welken Lebensfaden kappt.

Man erkennt zumal bei den frühen Bildern ihre Herkunft aus dem unterhaltenden Genre, wo Busch ein Publikum bedient, das sich gruseln will. Mehr und mehr verbindet sich sodann die Entwicklung hin zur Bildergeschichte mit den Inhalten der Moritatenparodie, in der das Schema von Missetat und Strafe aufgegriffen und ins Absurde hinein übersteigert wird. So im Fall des Buben Fritz (sichtlich der Vorläufer von Max und Moritz), der Schneider Böckel (der Ahn von Schneider Böck), »wohnhaft Nummer 5 am Eck«, mit einem reimbedingten »Meck, meck, meck!« ärgert. Ein fraglos ungehöriges Verhalten, das freilich in keinem Verhältnis zum folgenden Massensterben steht. Nicht anders verhält es sich bei Max und Moritz, die –»Aber wehe, wehe, wehe! / Wenn ich auf das Ende sehe!!« (1, 343) – aufgrund ihrer Untaten der gerechten Verschrotung in Müllers Mühle nebst anschließender Verfütterung ans Federvieh überantwortet werden. Wer die eh schon schauerliche Moritat parodieren will, muß sich eben etwas einfallen lassen!

Aus: Julchen (3, 204)

»Her damit!« – Und in den Trichter
Schüttelt er die Bösewichter.
(1, 387)

Zu diesem grotesk-makaberen Spiel mit vorgegebenen Formen eignen sich Buschs Konturenwesen vorzüglich, sind sie doch nach Belieben bieg-, dehn-, verschrumpel- und gegebenenfalls auch verschrotbar. Vor allen Dingen aber sind sie nur Kontur, was den Schrecken in den Hintergrund und die Komik in den Vordergrund treten läßt. »So ein Konturwesen«, sagt Busch daher, »macht sich leicht frei von dem Gesetze der Schwere und kann, besonders wenn es nicht schön ist, viel aushalten, eh'es uns weh tut.«

Bei ›Max und Moritz‹ handelt es sich um das »parodistische Spiel mit Moritat, Kinderbuch und pädagogischen Vorstellungen der Zeit«, bei dem es Busch, wie Walter Pape zu Recht betont, »weniger um Kritik als um das komische artistische Spiel selbst« geht (1981, 323 f.). Und in der Tat betont Busch immer wieder, er habe seine Bildergeschichten »zum Selbstpläsier« (4, 151) verfaßt. Daß hier freilich jemand über das, woran er sich erfreut, nicht weiter nachdenkt, besagt nicht, daß es ohne Hintersinn wäre.

––––––––––

Die *Moritat* ist ein Bänkellied schauerlichen Inhalts. Der Bänkelsang (der Begriff leitet sich vom Bänkel, d. h. dem Podest des Sängers ab) löste ab dem 17. Jahrhundert das mittelalterliche Zeitungslied ab. Er wurde öffentlich mit Musikbegleitung, z. B. durch eine Drehorgel, vorgetragen und durch eine in Felder aufgeteilte Bildtafel illustriert, auf die der Sänger mit einem Stock zeigte. Text und Illustration standen zum Verkauf. Die Moritat verdankt ihren Namen dem Wort »Mordtat« und berichtet von Verbrechen, Hinrichtungen, Liebesdramen usw. Die Moral von der Geschichte durfte nicht fehlen, so daß man sich an Blutrünstigem aller Art mit gutem Gewissen ergötzen konnte. Die Moritat erfreute sich im 19. Jahrhundert großer Beliebtheit, wurde aber an der Wende zum 20. Jahrhundert durch andere Medien und deren zunehmend verfeinerte Kunst abgelöst, die Sensationsgier zu kitzeln und zugleich moralisch zu bemänteln.

Entsprechend reichen auch formale Gründe zur Erklärung des Grotesk-Grausamen bei Busch nicht aus. Denn es bleibt zu fragen, warum gerade dieses Spiel gespielt wurde, warum gerade die Gattung der Moritatenparodie gewählt wurde und warum gerade ihr ein so enormer Erfolg beschieden war? Hinzu tritt, wie Bettina Hurrelmann feststellt, Buschs Überzeugung von der Boshaftigkeit der Kinder und folglich »seine Auffassung, daß man ihrer Herr werden müsse, und damit seine letztendliche Zustimmung zu ihrer Überwältigung, zum ›Prinzip der Mühle‹« (48).

Einer von Buschs Neffen berichtet, daß Busch sehr kinderlieb gewesen sei, »aber die Kinder mußten wohlerzogen sein. Ungezogene Kinder waren ihm zuwider« (N 139). Dieser Liebe zum »artigen Kinde« entsprechend, sieht man Busch in tiefer Sorge, daß seine beiden Konturbuben die Jugend mit ihren Ungezogenheiten anstecken könnten. Ganz in diesem Sinne ergehen mahnende Worte an einen von ›Max und Moritz‹ begeisterten Jungen:

»Groß war des Onkels Abneigung gegen alles, was er ›sinnloses Geräusch‹ nannte. Dazu gehörte Klappern mit Messer und Gabel oder mit dem Geschirr, Trommeln mit den Fingern auf der Tischplatte oder an den Fensterscheiben, Türenschlagen, stärkerer Lärm spielender Kinder u. dergl.« (N 149 f.)

Onkel Nolte   *Lehrer Lämpel*

Max und Moritz machten Beide,
Als sie lebten, keinem Freude:
Bildlich siehst Du jetzt die Possen,
Die in Wirklichkeit verdrossen,
Mit behaglichem Gekicher,
Weil Du selbst vor ihnen sicher.
Aber das bedenke stets:
Wie man's treibt – mein Kind – so geht's. (2, 307)

Roland Topor:
Max und Moritz, 1990.

Man könnte den Dichter dieser Zeilen für eine Kreuzung aus Lehrer Lämpel und Onkel Nolte halten, tatsächlich ist es der Vater von ›Max und Moritz‹, dem vor seinen bösen Buben bang ist. Das »Prinzip Mühle« mag ins Groteske überspitzt sein, prinzipiell kommt es dem inneren Spießer zupaß. Und so gibt Busch seine Konturbuben, die über weite Strecken von seiner und der Leser Sympathie getragen wurden, der finalen Verschrotung preis.

Schade drum: zu Rebellen auswachsen dürfen sich auch Max und Moritz nicht und teilen somit das Schicksal all der Unruhestifter, die Busch geschaffen hat. So bleibt das Aufbegehren auf der Ebene von Bubenstreichen – kurze

---

Auch in Autogrammen und Widmungen kommt Buschs Ambivalenz zum Tragen. »Max u(nd) Moritz, diese beiden,/ Mochte keiner gerne leiden.« Einem anderen Leser Busch die Lektüre mit folgender Widmung: »Das Lachen ist ein alter Brauch,/ Beezebub der tut es auch.« (BG I, 1304)

»Das Kind Wilhelm empfand die Umwelt schon als feindlich und frustrierend. Die Erwachsenen wollten ›brave‹ Kinder, die nur folgten, ohne Schwierigkeiten zu bereiten. Er hat dies schmerzlich durch seinen Vater erfahren müssen und folgte äußerlich, sann jedoch auf ›Rache‹, die aber bei ihm steckenblieb, weil die Tatkraft fehlte. Er hätte auf Zuwendung und Anerkennung verzichten müssen. So zogen ihn denn immer Gestalten an, die sich über alle Grenzen der ›guten‹ Erziehung und des gebotenen Wohlverhaltens hinwegsetzten, sich auf Kosten der ›Braven‹ behaupteten, am Schluß aber ihre ›gerechte Strafe‹ bekamen. Alle nicht ausgelebten schweren Affekte wie Wut, Zorn, Haß, Eifersucht, Neid bis zur sadistischen Grausamkeit hin kommen in seinen Bildergeschichten vor. Hätte er durchweg so aggressiv geschrieben (und gezeichnet) wie sein Dr. Hinterstich (Maler Klecksel), so wären diese Geschichten nicht zu ertragen gewesen. Er fand einen Weg in der Komik und im Humor.« *Christian Dettweiler* (WBJb 1976, 24 f.)

Episoden voll Komik, vor allen Dingen aber auch voll untergründiger Wut.

Gleichsam ein Topos der Buschrezeption ist die Behauptung, er sei mißverstanden worden. Schon früh sah man in ihm einen verkannten Philosophen – für manchen Buschfreund die schöne Gelegenheit, sich selbst gemeinsam mit seinem Lieblingsautor philosophisch zu beweihräuchern. Eine Neuauflage in anderem Gewand erlebte das Thema im Gefolge der Studentenbewegung von 1968. Sehr zu Recht entdeckte man an Buschs »bösen Buben« das subversive Potential und unterstrich die bissige Darstellung der Spießer. Man schloß daraus, daß all die Spießer, die sich über ihr Abbild amüsierten, Busch mißverstanden hätten. Kamen also Millionenauflagen aufgrund eines Irrtums zustande?

Vor dem Hintergrund der festgestellten Ambivalenz gibt es nichts mißzuverstehen. Ein ambivalenter Autor verfaßt ein ambivalentes Werk, das ambivalent gelesen wird. Der Leser schlägt sich auf die Identifikationsseite, die ihm gerade genehm ist. Und wenn man bedenkt, daß den Spießer gerade die unterdrückte Wut auf all das, was ihn zum Spießer hat werden lassen, auszeichnet, schließen sich die beiden Seiten des Wechselspiels der Perspektiven nicht aus, sondern ergänzen sich. Also hauen Busch und seine Leser gemeinsam mit Max und Moritz auf den

---

Die Popularität Wilhelm Buschs beruht auf einem Mißverständnis. Des Wohlwollens derer, die er boshaft attackierte, ist er sicher. Kein größerer Tort hätte ihm widerfahren können. Bildungsbürger, Kleinbürger, Spießer zählen ihn seit je unter ihresgleichen und überlassen seine Bildergeschichten arglos ihren Kindern. (…) So satirisch, so aggressiv Busch auch seine Kleinbürger zeichnet, so angestrengt er seine schadenfrohen Bilderwitze in die Groteske, in die Karikatur hinüberzieht – der erwachsene deutsche Kleinbürger scheint dagegen gefeit. *Gert Sautermeister* (WBJb 1970, 26)

Putz und richten sie sodann gemeinsam mit der Dorf-
bevölkerung hin.

Von hier aus betrachtet ist es kein Mißverständnis, sondern Einverständnis, das Busch mit seinen Lesern verbindet. Und wenn dem so ist, werden hier die Gründe des
enormen Erfolges zu suchen sein …

6. Kapitel
Max und Moritz – Eine Erfolgsgeschichte

Niemand konnte den Erfolg von ›Max und Moritz‹ absehen. Der Verkauf der ersten Auflage verlief schleppend, da – wie sich dies ein Vertreter von Braun & Schneider erklärte – das Buch »bei seinem Erscheinen von den Lehrern & Pädagogen im höchsten Grade angefeindet wurde« (BG I, 1339). Ab der zweiten Auflage 1868 schien der Damm gebrochen. In Buschs Todesjahr zählte man bereits die 56. Auflage und 430 000 verkaufte Exemplare. Zur hundertsten Auflage im Jahr 1925 gab der Verlag 1,5 Millionen verkaufte Bücher an. Eine Ahnung des Absatzes in den kommenden Jahrzehnten kann die 223. Auflage der weit weniger bekannten ›Abenteuer eines Junggesellen‹ in den fünfziger Jahren vermitteln. Bei ›Max und Moritz‹ hingegen stellte man bei der 137. Auflage (1937) die Auflagenzählung ein. Die Zahl der Folgeauflagen und der insgesamt verkauften Exemplare ist unüberschaubar.

›Max & Moritz‹.
*Verlag Braun & Schneider,
München o. J. (1926).*

Haben sich ›Max und Moritz‹ als heimliche Nationaldichtung der Deutschen neben Nibelungenlied und Faust geschmuggelt? Aufgrund der enormen Verbreitung wird man mit Wolfgang Preisendanz (WBJb 1986, 12) in der Tat von einem »Klassiker incognito« zu sprechen haben. Fast in jeder deutschen Familie findet sich noch heute – und sei es als Erbstück – ein Buschband. Mögen die anderen Werke Buschs heute nicht mehr den Bekanntheitsgrad vergangener Jahrzehnte haben, so kennt ›Max und Moritz‹ doch jeder. Ungebrochen ist Buschs Präsenz im deutschen Zitatenschatz, ja in Sachen Humor kommt ihm

Max und Moritz in Togo, 1902.

förmlich eine Monopolstellung zu. Alles, was kurz und lustig ist, wird den »goldenen Worten des großen Humoristen« zugeschlagen, so: »Humor ist, wenn man trotzdem lacht« (Otto Julius Bierbaum) oder »Ist der Ruf erst ruiniert / Lebt es sich ganz ungeniert« (Werner Kroll).

Ähnlich unübersichtlich wie die Auflagen- und Verkaufszahlen ist die Vielzahl an Übersetzungen von ›Max und Moritz‹. Ohne den Anspruch auf Vollständigkeit zu erheben, listet die Bibliographie von Manfred Görlach (Stand 1997) 281 Übertragungen auf, darunter auch Übersetzungen in Dialekte und entlegene Sprachen wie z. B. Südjütisch. Bereits zu Lebzeiten Buschs entstanden Übersetzungen in alle großen europäischen Sprachen, und im Jahr 1871 gelangten Max und Moritz durch die Übersetzung von Charles T. Brooks nach Amerika.

»Gott sei Dank! Nun ist's vorbei / Mit der Übeltäterei!!« (1, 389) hatten sich die Dorfbewohner am Ende von ›Max und Moritz‹ gefreut – ein gründlicher Irrtum, wie sich bald herausstellen sollte.

Aus: Rudolph Dirks: The Katzenjammer Kids.

Ein folgenreicher Seitenstrang der ›Max und Moritz‹-Rezeption führt nach Amerika, wo die beiden New Yorker Pressegiganten William Randolph Hearst und Joseph Pulitzer durch die möglichst attraktive Gestaltung der sonntäglichen Unterhaltungsseiten um Leser konkurrierten. Pulitzer war mit einer ab 1896 ›Yellow Kid‹ betitelten Bildserie vorangegangen. Sein Konkurrent Hearst beauftragte daraufhin den deutschen Auswanderer Rudolph Dirks mit Bildergeschichten, die sich an ›Max und Moritz‹ orientieren sollten. Im Jahr 1897 erschienen im ›American Humorist‹, der Sonntagsbeilage des ›New York Journal‹, erstmals die ›Katzenjammer Kids‹. Diese weisen nicht nur optisch einige Ähnlichkeit mit Max und Moritz auf, sondern folgen auch dem von Busch bekannten Streichmuster.

Die deutschen Wurzeln von »Hans und Fritz«, den Söhnen der »Mama Katzenjammer«, sind unverkennbar. Alle Beteiligten spre-

Der Erfolg des Buches verursachte eine wahre Flut von Max-und-Moritziaden. Aus dem von Reiner Rühle geordneten Getümmel böser Buben seien ›Hans und Peter: zwei Schwerenöter‹ (1912), ›Schlumperfritz und Schlamperfranz‹ (1922) sowie ›Sigismund und Waldemar, des Max und Moritz Zwillingspaar‹ (1932) namentlich erwähnt. Im Jahr 1921 erscheint der erste Band von ›Männe und Max‹, auf den zahlreiche »Streiche«, so die Bezeichnung der Einzelbände, in mindestens vierzehntägigem Rhythmus folgen: ein Vorläufer der regelmäßig erscheinenden Comics.

Mit ›Lies und Lene: die Schwestern von Max und Moritz‹ erscheint 1896, im gleichen Jahr wie die ›Struwwel-Liese‹ (Struwwelpeterfassung für Mädchen), die erste eigens für Mädchen verfaßte Max-und-Moritziade. 1920 folgt ›Maus und Molli: eine Mädelgeschichte nach Wilhelm Busch‹ – ein liebevoll illustriertes Buch über zwei im Vergleich mit den bösen Buben doch recht artig wirkende böse Mädchen. Pardon wird freilich auch hier nicht gegeben, so daß die Übeltäterei durch zwei Haifische ihr jähes Ende findet: »Molli war des einen Schmaus, / Doch der

F. K. Waechter: Jeder denkt, die sind perdü!, 1990.

---

chen ein kühnes deutsch-englisches Mischmasch, in dem die Erziehungsberechtigten der »Katzies« immer wieder resignierend feststellen: »Mit dose kids, society is nix.«

Dirks wurde mit seiner Bildserie, bei der er als einer der ersten Bubbles (Sprechblasen) einsetzte, zu einem der Väter des Comics. Die »Katzies« (und somit auch Max und Moritz als ihre Vorbilder) beeinflußten nachhaltig die Entwicklung des Comics und des Zeichentrickfilms in Amerika.

Auch allerlei Getier tummelt sich nach Art von ›Max und Moritz‹: ›Juck und Schlau, die beiden Affen‹ (1907), ›Knurr und Murr, die Löwenknaben‹ (1918), ›Fix und Fax‹, zwei Mäuse (1935) sowie ›Wastel und Quastel, die fidelen, ganz verflixten Dackelseelen‹ (1940).

Freilich meint man, so ein Mädel
Sei stets fleißig, brav und edel.
Aber leider – auch bei ihnen
Gibt's nicht lauter emsig Bienen.
Aus: ›Maus und Molli‹

andere schluckte Maus.« Das beliebte Buch erfuhr bis 1959 zahlreiche Neuauflagen.

Auch in den Nachfolgern von Max und Moritz spiegelt sich der Geist bzw. der Ungeist der jeweiligen Epoche. Unverkennbar in das Zeitalter des Imperialismus und kolonialen Größenwahns gehören ›Daniel und Melanie oder Die bösen Negerlein‹ (1908), ein freches Mohren-zwillingspärchen. Da sie unartig waren, werden sie zu ihrem Kannibalenstamm zurückgeschickt, wo sie prompt auf der Speisekarte landen.

Zur Zeit des Ersten Weltkrieges rüsten auch Max und Moritz auf. 1914 erscheint ›Max und Moritz im Felde: Eine lustige Soldatengeschichte‹, 1915 ›Fritz und Franz im Schützengraben: Lustige Streiche zweier Knaben‹, wo-bei der »böse Feind« zum bevorzugten Ziel der »lustigen Streiche« wird: Frohsinn Marke gnadenlos, ja in Fritzens Falle trübt noch nicht einmal der Verlust des Beines die gute Laune, denn – so seine Guste: »Du kannst auch mit einem Bein – mein geliebtes Männchen sein.«

Im Jahr 1938 wurde der dreißigste Todestag von Wilhelm Busch in Mechtshausen feierlich begangen. In seiner Rede am Grab betonte der stellvertretende Vorsitzende der Wilhelm-Busch-Gesellschaft, Dr. Lampe, den »echten deutschen Humor« Buschs und seine Ver-bundenheit »mit dem geistigen Inhalt unserer deutschen Welt von heute, nämlich dem Nationalsozialismus«. Auch Landrat Schneider ließ an Linientreue nichts zu wünschen übrig und lobte, daß Busch mit dem »Blutsgedanken« vertraut gewesen sei und »um die Fäul-nis in der Politik und in den Parlamenten« gewußt habe.

Nach der Kranzniederlegung zu Fanfarenklängen wurde bei Gastwirt Beyes zu Mittag gegessen, brauner Kohl mit Brägenwurst, Buschs Lieblingsessen. Die Zählung des Inhalts der Sammelbüchse, die man hatte kreisen lassen, ergab 50 RM für das Winterhilfswerk, die – so der Bericht in den Mitteilungen der Wilhelm-Busch-Gesell-schaft (1938, 21 ff.) – der Landrat hocherfreut entgegennahm.

Nur wenige Jahrzehnte später sind wieder Heiterkeit und Optimismus an der Heimatfront gefragt. »Tobt sich der Lausbub richtig aus, wird meist ein ganzer Kerl daraus«, heißt es in ›Bock und Beck: eine Lausbubengeschichte‹. Der Leser erfährt auch, wo sich »ganze Kerle« nun, d. h. im Jahr 1940, befinden: »Der Bock, der Beck, was tun sie jetzt? Sie sind am Westwall eingesetzt. Lausbubenfrechheit wurde Mut. Könnt ruhig sein – die zwei sind gut.«

In der Folgezeit sind die Töne weniger martialisch, Max und Moritz aber immer noch gut im politischen Geschäft. Im Jahr 1958 beteiligen sie sich am Landtagswahlkampf in Nordrhein-Westfalen auf Seiten der CDU. Im selben Jahr sind sie auch in Sachen Hebung der sozialistischen Moral tätig und spielen im DDR-Satiremagazin ›Eulenspiegel‹ Schneider Böck, der durch Schwarzarbeit und Schieberei an ein Auto gekommen war, übel mit. Im Jahr 1969 nehmen sie als ›Marx und Maoritz‹ an der Studentenbewegung teil.

Ausschnitt aus: ›Marx und Maoritz‹.

Weniger politisch, dafür aber um so mehr auf Randale aus sind ›Mac und Mufti‹ (1987). Der Untertitel ›Punk in Ebergötzen‹ läßt für die Provinzidylle nichts Gutes erahnen. So wird der Schuppen von Getränkehändler Bolte, der sich durch überhöhte Bierpreise unbeliebt gemacht hat, in die Luft gesprengt und einer offenbar ökologisch gesinnten Freundin das Müsli mit Mehlwürmern gewürzt, kurzum: die achtziger Jahre lassen grüßen.

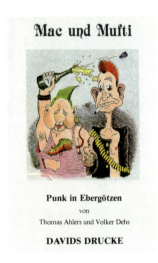

Die Rezeptionsgeschichte von Max und Moritz reicht von der propagandistischen Vereinnahmung bis zum eher harmlosen Spaß im zeitspezifischen Kolorit, so oder so erweist sich das Bubenpaar als Spiegel der deutschen Geschichte.

Ansonsten wurde der Stoff vertont, dramatisiert und 1956 erstmals verfilmt.

Bereits im Dritten Reich ge- bzw. mißbrauchte man die Sympathieträger zu Werbezwecken – mit großem Erfolg: 35 Millionen Exemplare der Abzeichen mit Figuren

Plakat Kriegs-Winterhilfs-werk 1939–40: Gib doppelt für die lustigen Wilhelm Busch Abzeichen!

Wilhelm Buschs wurden bei der vierten »Reichsstraßensammlung« des Winterhilfswerkes verkauft.

Nach dem Zweiten Weltkrieg folgten weitere Werbeeinsätze: vom Scheuerpulver über Magenmittel bis hin zur Schokolade. Die bösen Buben verzierten und verzieren Notgeld, Briefmarken, Spielkarten, T-Shirts, Tapeten, Tassen und Schlabberlätzchen, seit kurzem – Max und Moritz Reloaded (2005) – verunzieren sie auch wieder die Filmleinwand.

Die Erfolgsgeschichte von ›Max und Moritz‹ ist auch die Geschichte von immer neuen Wiederbelebungen zum Zwecke der Vermarktung – bisweilen auf einem Niveau, dem die finale Verfütterung ans Federvieh vorzuziehen gewesen wäre. Auch böse Buben haben es nicht leicht, doch darf man getrost auch weiterhin auf ihre Robustheit vertrauen.

Aus der Handschrift ›Max und Moritz‹ 1863/64.

Exkurs: Das Busenattentat

In einer von Robert Gernhardt verfaßten Buschiade (827 ff.) treten an die Stelle von Max und Moritz die Studentinnen Pat und Doris, die nicht etwa bei Lehrer Lämpel, wie es auf den ersten Eindruck erscheinen könnte, sondern bei einem berühmten Frankfurter Gelehrten »in die Schule« gehen. Denn:

> Also lautet der Beschluß,
> Daß der Mensch was lernen muß.
> Nicht allein das Abc
> Bringt das Mädchen in die Höh',
> Sondern auch der Weisheit Lehren
> Muß man mit Vergnügen hören.
> Daß dies mit Verstand geschah,
> War Professor Teddie da.

Professor Teddie

Mit Professor Teddie ist, wir befinden uns in der Zeit der Studentenbewegung, der Mitbegründer der Kritischen Theorie und Frankfurter Schule, Theodor W. Adorno, gemeint. Ein hochgebildeter, feingeistiger Mann, zudem ein revolutionärer Denker, dessen bürgerliches Auftreten ihn allerdings zur Zielscheibe studentischen Spottes machte.

Nun war dieser große Lehrer
Von den Damen ein Verehrer,
Was man ohne alle Frage
nach des Denkens Müh' und Plage
Einem guten, alten Mann
Auch von Herzen gönnen kann.
Nicht so unsre beiden Kinder,
Die im Weiberrat und in der
Wohngemeinschaft voll einbrachten,
Was sie von dem Denker dachten:
Macho, liberaler Scheißer,
Sprücheklopfer, Fraunaufreißer,

Es handelt sich bei ihm eben – wie Pat und Doris meinen – um einen Vertreter der »Scheiß-Reaktion«, der folglich einen Denkzettel verdient hat. Also braut sich, der Gelehrte strebt gerade nichtsahnend dem Hörsaal entgegen, das Unheil über dessen professoralem Haupt zusammen.

»Ach!« denkt er, »die größte Freud
Ist doch die Begrifflichkeit!«

Auch hier ist die Verwandtschaft zu Lehrer Lämpel unübersehbar, wobei des Professors Vergnügen am akademischen Begriffsinstrumentarium auf Adornos eigentümlichen Sprachduktus anspielt.

Doch gleich, ob Lehrer oder Professor: Hier wie da sind

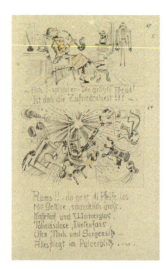

Aus der Handschrift
›Max und Moritz‹ 1863/64.

es Wohlsituiertheit und Selbstzufriedenheit, die Übeltäter bzw. -täterinnen von Buschschem Schlage gleichsam von selbst auf den Plan rufen.

> Rums! da ziehn die beiden los
> Und vier Brüste schrecklich groß
> Jäh befreit von allen Stoffen,
> Herrlich bloß und gänzlich offen (…)
> Ragend, dräuend, drohend, schwellend,
> Allen Geist in Frage stellend,
> Recken sich dem Prof entgegen,
> Welcher stumm erst, dann verlegen,
> Dann erschreckt das Weite sucht.

Ganz seinem literarischen Vorbild verpflichtet, weist auch Gernhardt dem unerhörten Vorfall exemplarische Bedeutung zu:

> Fest steht nur: 's kann auch der größte
> Denker nicht in Frieden leben,
> Wenn Mädchen ihre Hemdchen heben.

Der eher geringe Zugewinn an intellektueller Erkenntnis und moralischer Erbauung belegt, daß es natürlich nicht um die »Moral«, sondern um die »Geschichte« selbst geht. Vor allem aber geht es darum, die Spießer (oder was

---

Adornos Sprachstil eignet sich vorzüglich für satirische Darstellungen. So läßt Eckhard Henscheid die Mitglieder der Frankfurter Schule einen Wettbewerb zur allgemeinen Hebung der Stimmung veranstalten. Gewonnen hat, wer das Reflexivum »sich« im Satzgefüge am weitesten hintanstellen kann. Den Sieg erringt natürlich Adorno mit folgendem Beitrag: »Das unpersönliche Reflexivum erweist in der Tat noch zu Zeiten der Ohnmacht wie der Barbarei als Kulmination und integrales Kriterium Kritischer Theorie sich.« (57)

man dafür hält) aufzumischen. Und dies mit Lust, ja mit doppelter Lust, da die Attacke auf Sitte und Anstand auch noch im moralischen Gewand daherkommt.

Der beschriebene Vorfall hat sich übrigens tatsächlich zugetragen. Am 22. April 1969 stürmten Studenten Adornos Dialektik-Vorlesung. Zwei Studentinnen entblätterten sich wie oben beschrieben, weswegen der Vorfall als »Busenattentat« in die Annalen der Studentenbewegung einging. Augenzeugen berichten im übrigen nicht nur von Gelächter, sondern auch von Betroffenheit angesichts eines überforderten Professors, der sich vergeblich mit seiner Aktentasche zu schützen suchte und sodann in Tränen ausbrach.

Doch dies ist kein Thema für humoristische Gedichte und schon gar nicht für eine Buschiade. Wer im Fall von Buschs in die Luft gejagtem Lehrer Lämpel lacht, braucht sich bei Gernhardts Gedicht nicht zu zieren, auch wenn hier die Folgen für die Lehrkraft noch dramatischer sind. Lehrer Lämpel hatte zwar »was abgekriegt«, den Anschlag jedoch im Gegensatz zu seiner Pfeife (»Mit der Zeit wird alles heil, / Nur die Pfeife hat ihr Teil.«; 1, 367) überlebt. Gernhardt hingegen vermerkt trocken über den im gleichen Jahr verstorbenen Gelehrten:

Aus der Handschrift ›Max und Moritz‹ 1863/64.

Mit der Zeit wird alles heil
Nur der Teddie hat sein Teil

Von Pat und Doris hingegen weiß der Dichter nur Erfreuliches zu berichten:

Die eine forscht, die andere lehrt,
Und beide sind gottlob bekehrt

Ende gut, alles gut. Pat und Doris wurden nicht, wie man leicht annehmen könnte, verschrotet und ans Federvieh verfüttert. Nein, sie leben! Beide haben sich eine bürger-

liche Existenz im offenbar universitären Umfeld aufge-
baut, was darauf schließen läßt, daß sie sich auch wieder
ordentlich kleiden. Daß eine von beiden sogar »der Weisheit Lehren« verbreitet, sollte einem freilich zu denken
geben. Handelt es sich bei Pat und Doris, die schließlich
in die Jahre gekommen und offenbar zu Stützen der bürgerlichen Ordnung geworden sind, um zwei wohlsituier-
te, selbstzufriedene Damen? Der Verdacht liegt nahe, und
so sollten sie sich in acht nehmen, was hinter der nächsten Ecke auf sie lauert.

7. Kapitel
Liebesangelegenheiten

Was wissen wir im Grund von dem verschlossenen, wortkargen Mann und seinen Schicksalen?« (MWBG 2, 1933, 8), so Otto Nöldeke über seinen Onkel Wilhelm, der offenbar auch engen Familienangehörigen kaum Einblicke in sein Innenleben gewährte. Seine Autobiographien verbergen die Person eher, als daß sie von ihr berichten, und nicht anders verhält es sich bei Buschs Briefwechsel. Den an ihn gerichteten Teil der Korrespondenz hat er vernichtet. Die von ihm geschriebenen Briefe sind erhalten und wirken oft genug seltsam verschnörkelt, ja verquast.

Wilhelm Busch, Gewitterlandschaft mit Regenbogen, um 1880. Öl auf Pappe, 9,8 x 23,3 cm.

Vielfach dominieren Berichte über das Wetter, das Essen, den Fruchtstand im Garten und tausenderlei Alltäglichkeiten, so daß nur wenig vom Verfasser durchschimmert. Busch hält mit seinen Briefen Kontakte aufrecht, nur selten teilt er sich in ihnen mit: »Wichtigste Triebfeder fürs Briefschreiben war für Busch die Einsamkeit, die er immer wieder suchte und unter der er immer wieder litt.« (B 2, 326), so der Herausgeber seiner Briefe.

Dieser Zurückhaltung entsprechend sind die »Liebesangelegenheiten« Buschs nur als Spur nachzuvollziehen, und eben eine solche Spur führt zurück in den August 1864. »In Wolfenbüttel blieb ich über 14 Tage bei durchweg sonnigem Wetter. Herrlich! Erdbeerbowlen, Waldparthien und ländliche Spiele. Wie man nur so kindisch sein kann!« berichtet ein außergewöhnlich vergnügter Busch an seinen Freund Bassermann. Überbordende Lebensfreude und kindisches Geplänkel – Kenner werden die Symptome zu deuten wissen: »(S)chön war's! – Besonders die Partie nach der Köhlerhütte, tief im dunkelgrünen Wald, mit Wein in Menge und recht lustigen Frauenzimmern; beim Heimwege am späten Abend, Mädchen am Arm, flimmerte alles von tausend und tausend Fun-

---

Karl Krolow über den Briefwechsel Buschs: »Das Briefeschreiben war für Busch gleichsam ein spontanes Sprechen über den Hof, über den Gartenzaun. Er setzte im Grund Einverständnis voraus. Persönliche Schwierigkeiten wußte er schon als junger Student gut zu verbergen. Er zog sich hinter Munterkeit, Pfiffigkeit, hinter den Schnörkel zurück. Das Schnörkelwesen, die unverbindliche Behaglichkeit, täglicher dörflicher Kleinkram, ein bißchen Klatsch, eine kaum merkliche Bosheit, ein Augenzwinkern, ein Bescheidwissen, das dieses Bescheidwissen nicht verrät: Wilhelm Busch, der Briefschreiber, hat sich sehr sorgfältig zu tarnen verstanden, ein Vorgang, der wohl nur zum Teil noch für ihn ins Bewußtsein trat. ... Die Einzelheit wird mit einer zuweilen zwanghaften Schärfe festgehalten, das winzigste Detail ist gut genug, mitgeteilt zu werden, ... [...] Er ist erfinderisch, wenn es darum geht, in Ruhe gelassen zu werden. Sein trocken-vorsichtigkauziger Onkelstil blüht dann auf.« (WBJb 1972, 73)

ken, theils aus dem Kopf heraus, theils drum herum von Johanniswürmchen, wie ich so viel noch nie bei einand gesehn. Ein hübsches Kind, das ich da wieder fand, bot mir auf's neue manch heimlichgute Stunde. Ein närrisches Herz, was der Mensch im Leibe hat!« (B 1, 30)

Anna Richter heißt die Auserwählte, eine Siebzehnjährige, die er über seinen Bruder Gustav kennengelernt hat. Und da nicht allein das Herz närrisch ist, sondern die Absicht ernst, wird Busch mit großer Wahrscheinlichkeit beim Vater, dem Kurzwarenhändler Adolph Richter, vorstellig. Wieder ein Kaufmann! Der wird nicht anders als Buschs Vater die Soll- und Haben-Seite im Kopf überschlagen und einen kurzen Blick in die trübe pekuniäre Zukunft (›Max und Moritz‹ ist zu diesem Zeitpunkt noch nicht erschienen) geworfen haben. Summa summarum: Ein Künstler ohne regelmäßiges Einkommen erhält seine Tochter nicht.

Eine solche Zurückweisung ist für niemand leicht zu verkraften. Für Busch, den man bereits als Neunjährigen »nicht gewollt« und weggegeben hat, ist es ein schwerer Schlag, von dem er sich nicht mehr zu erholen scheint. »Ich bin nicht so glücklich, daß ich die Liebe Anderer entbehren könnte« (B 1, 225), sagt Busch. Die Liebe kann er nicht lassen, leben kann er sie allerdings auch nicht. Buschs Liebschaften wirken halbherzig, denn der Mut zur Verwirklichung und zur Bewährung im Leben fehlt.

Von all den halbherzigen Lieben ist die zu Johanna Keßler die tiefgehendste. Freilich ist diese Liebe vom Ansatz her darauf angelegt, unerfüllt zu bleiben, denn Johanna Keßler ist die Gattin eines Frankfurter Bankiers. Busch lernt sie 1867 durch seinen Bruder Otto Busch kennen, der als Erzieher der älteren Kinder im Haus der Keßlers lebt. Busch ist vielfach zu Besuch, ab 1868 unterhält er ein Atelier in Frankfurt und bezieht eine eigene Wohnung in der Nähe des Keßlerschen Hauses. Eine geistig anregende Zeit; mit seinem Bruder, einem promovierten Philo-

Johanna Keßler. Gemälde Buschs 1870/72.

sophen, führt er eingehende Gespräche über Schopenhauer. Gemeinsam mit Johanna Keßler nimmt er am kulturellen Leben in Frankfurt teil. Die reiche Bankiersgattin sammelt Bilder und scheint insbesondere einige Hoffnung auf Busch als Maler zu setzen. Busch genießt ihre Unterstützung und Bewunderung, die ihn tatsächlich dazu bewegen, sich wieder verstärkt der bildenden Kunst zuzuwenden: Gemälde, Radierungen und auch Plastiken entstehen.

Die persönliche Beziehung zwischen beiden bleibt undurchsichtig. Gab ihr Verhältnis im gesellschaftlichen Umfeld Anlaß zu Spekulationen? Im Jahr 1872 scheint jedenfalls ein Sicherheitsabstand geboten, und Busch gibt seine Frankfurter Wohnung wieder auf. Das Haus der Keßlers besucht er weiter, auch der intensive Briefwech-

---

»Die oft gestellte Frage, wie er sich eigentlich dem Weibe gegenüber verhalten, kann auch ich nicht beantworten«, schreibt der Freund und Verleger Bassermann und fährt dann über das Verhältnis zu Johanna Keßler fort: »Die Verehrung W. B.'s für diese Dame muß eine sehr große gewesen sein, denn während seiner häufigen u. sehr langen Aufenthalte in ihrem Hause malte er ihr Portrait, modellirte ihre Büste u. verehrte ihr den Antonius u. andere seiner Werke in Original-Handschrift mit Original = Zeichnungen, sowie einige Ölbilder von seiner Hand. Das ist ja bei B.'s Charakter sehr auffallend. Ob aber Beziehungen intimster Art waren, ob es sich um eine wirkliche Liebe handelte, ist nicht zu entscheiden. Die Dame war weder sehr geistreich, noch sehr schön, außerdem Mutter von 7 Kindern. Das sind doch schwerwiegende Thatsachen, die gegen eine solche Vermuthung sprechen. Vielleicht behagte B. nur der völlig ungenirte Verkehr in dem schönen reichen Hause an der Bockenh. Landstr., in dem der Hausvater die Rolle der geistigen Null spielte, u. fühlte sich angenehm geschmeichelt durch die unbedingte Verehrung, die ihm die Dame des Hauses darbrachte.« (WBJb 1978, 11 f.)

sel besteht fort, in dem sich beide als Onkel und Tante titulieren: Ausdruck der Nähe im gerade noch schicklichen Rahmen. Auch die Töchter Nanda und Letty erhalten Briefe von ihrem Onkel Wilhelm: »Und grüßt die Mama und Alle und seid gewiß, daß ich recht, recht oft an Euch denke, sowohl an ›Diejenichte‹ mit den braunen, als an ›Diejenichte‹ mit den blonden Zöppen.« (B 1, 103) Offener treten hier die liebevollen Gefühle zutage und beziehen unter der Hand die Mutter der Mädchen mit ein: »Wo ich auch sei – ich denke immer / An die bewußten Frauenzimmer!« (B 1, 84) reimt er für Nanda, Letty und Johanna.

Nur in einem einzigen Brief, den er im Februar 1875 an Johanna Keßler schreibt, verläßt Busch die Deckung: »Sie vertraun dem milden Einfluß der Zeit. Wohl und gewiß! Aber doch, derweil wir wandeln, geht all das Gute, was wir nicht gethan und all das Liebe, was wir nicht gedurft, ganz heimlich leise mit uns mit, bis daß die Zeit für dieses Mal vorbei. Es weht der Wind; das Schneegestöber hüllt mir Wald und Feld und Garten ein. Ich wollt ich wär ein Eskimo, säße hinten am Nordpol, tief unter der Schneekruste, tränke Leberthran und könnte mich wärmen, an Was ich möchte.

Bei Ihnen brennt's Feuer im Kamin. Da säß ich auch recht gern.

Ihr W. B.« (B 1, 131)

Diese Zeilen rühren an, nicht zuletzt, weil sich deren Autor W. B. nicht mehr hinter Onkel Wilhelm versteckt. Folglich kann er sich selbst und auch Johanna gegenüber die traurige Wahrheit eingestehen – über das Gute und das Liebe, das nicht sein durfte und deshalb ungetan blieb, und über den Schmerz, den diese Einsicht bedeutet.

Im Jahr 1877 bricht die Freundschaft ab. Wahrscheinlich verhielt es sich so, daß Johanna Keßler, die als Mäzenin einigen Ehrgeiz in den Maler Busch investiert hatte, enttäuscht und verärgert war. Busch, der zwischenzeitlich in

Selbstbildnis in Graublau, 1869.

München ein Atelier unterhielt, berichtet in einem seiner letzten Briefe über Freunde und gesellige Ereignisse: »(D)as alles giebt Gelegenheit, das Wetter bei Nacht zu prüfen – und wirklich waren diese letzten Nächte ganz mild und wundersam. Es muß annersch werden! Aber wie? Aber wann?« (B 1, 182)

Wieder der alte Münchner Schlendrian! Busch, der notorisch verhinderte Maler, der seine Passion nicht verwirklichen, sich aber auch nicht von ihr trennen kann, weicht erneut vor der Staffelei ins Nachtleben aus. Wiederum »enttäuscht« er die in ihn gesetzten Erwartungen, einst die der Mutter, nun die der Mäzenin, beides Frauen, um die er wirbt und denen er liebend gern das Gegenteil bewiesen hätte.

Das Zerwürfnis dauert dreizehn Jahre. Der Kontakt wird erst wieder von Busch aufgenommen, als Bankier Keßler verstorben ist. Dann freilich scheint die Zeit, in der das Gute und Liebe hätte getan werden können, vorbei. Aus dem verqueren Paar sind tatsächlich Onkel und Tante geworden.

Wiedensahl Aug. 91.

… Und wirklich, schon tausend Jahre sind's her, daß ich nicht mehr geschrieben. Schnell glitscht die Zeit. – Der Sommer ist hin – die Sensen rauschen durch's Korn – und – ja, was wollte ich doch sagen? – Kurzum! Es sollte mich freuen, erhielte ich mal wieder so ein, zwei Zeilen von meinen anmuthigen Tanten, wie ehedem. Ich würde z. B. auch nicht die gewöhnliche Brille nehmen zum Lesen, sondern den goldenen Zwicker, den ich bloß dann aufsetze, wenn ich's mit Leuten zu thun habe, an deren Hochachtung mir besonders gelegen ist.

Mit herzlichen Grüßen Ihr alter
Wilh. Busch. (B 1, 335)

Die Ehe ist in Buschs Werken vielfach Thema. »Ich nehme Schmöck und Kompanie!« (2, 252) sagt sich die Fromme Helene, denn auch in Liebesdingen findet der gnadenlose Materialismus der Epoche seinen Niederschlag. Buschs Eheszenen reichen sodann vom kindischen Liebesgeplänkel der frischvermählten Eheleute Knopp über den öden Ehealltag bis hin zu Buschs Lieblingsthema, dem Ehekrieg.

Wiederum bietet sich hier dem Zeichner die Gelegenheit, seine Konturmännlein und -weiblein turbulent-bewegt in Szene zu setzen. So in ›Die Brille‹ (1870), wo das sprichwörtliche Haar in der Suppe (»Ein Haar in der Suppe mißfällt uns sehr, / Selbst wenn es vom Haupt der Geliebten wär.«) zum handgreiflichen Eklat führt. Am Ende des ehelichen Hauen und Stechens muß der Gatte nicht nur eine desaströse Niederlage hinnehmen, sondern geht zu allem Unglück auch noch der Suppenwurst verlustig.

Und mit Murren und Gebrumm
Kehrt man beiderseits sich um.
Aus: Die Fromme Helene
(2, 238)

Nun nimmt die Frau die Sache krumm
Und kehrt sich zur Attacke um.
(2, 163)

So triumphiert das brave Weib. –
Die Wurst hat Tapp, der Hund, im Leib. (2, 169)

Derlei Scharmützel bewirken, daß sich die warmen Gefühle von einst in Richtung Gefrierpunkt entwickeln. Offenbar auch bei Frau Zwiel, deren Trauer über den nach einer nächtlichen Kneiptour verblichenen Gatten (»›Schau schau!‹ ruft sie, in Schmerz versunken, / ›Mein guter Zwiel hat ausgetrunken!‹«) sich in Grenzen hält.

»Von nun an, liebe Madam Pieter,
Bitt ich nur um ein Viertel Liter!«
Aus: Die Haarbeutel (3, 262)

Entsprechend besteht ihre erste Amtshandlung im neuen Personenstand darin, die Milchfrau über die veränderten Konditionen zu informieren.

Der Ausgewogenheit halber sei an dieser Stelle noch ein frischgebackener Witwer vorgestellt:

»Heißa!!« – rufet Sauerbrot –
»Heißa! meine Frau ist tot!!«
Aus: Abenteuer eines Junggesellen (3,63)

Zu früh gelacht! Frau Sauerbrot war nur scheintot und steht plötzlich in der Tür, woraufhin es den fröhlichen Witwer jäh dahinrafft. Busch greift hier auf ein Motiv aus der 1784 erschienenen ›Jobsiade‹ von Carl Arnold Kortum zurück. (Busch hat sich mit diesem Werk, seine ›Bilder zur Jobsiade‹ erschienen 1872, eingehend beschäftigt.) In Kortums Original verstirbt Nachtwächter Hieronymus am Ende des ersten Teiles, erfreut sich allerdings zu Beginn des zweiten Teiles wieder bester Gesundheit. Dies zu begründen ist nicht ganz einfach, doch Kortum bewältigt auch diese schriftstellerische Herausforderung mühelos: Hieronymus war scheintot und wurde durch einen wackeren Bader kuriert. Dieser hatte allerdings die fatalen Folgen seiner Tat nicht bedacht.

»Denn kaum Hieronymus wieder auferwecket,
So ward seine Frau davon so heftig erschrecket,
Daß alles Blut im Leibe bei ihr erstarrt
Und sie plötzlich eine Leiche ward«.

Busch hat diese Episode aus der ›Jobsiade‹ zu Herrn und Frau Sauerbrot inspiriert, wobei bei ihm die Frau überlebt, also das bessere Ende für sich hat.

Man wird aus derlei karikaturistischen Sequenzen nicht auf die persönliche Haltung Buschs rückschließen dürfen. Busch ist Junggeselle aus Unglück, nicht aus Überzeugung. Auch der Vorwurf der Frauenfeindlichkeit ist ungerecht. Busch wahrt den Geschlechterproporz – und giftet nach beiden Seiten. Wenn man hier überhaupt gewichten will, läßt sich bei den weiblichen Gestalten (»›Alle Menschen, ausgenommen die Damen‹, spricht der Weise, ›sind mangelhaft!‹«; 4, 159) noch eine gewisse Zurückhaltung erkennen. In der Darstellung der Männer jedoch ist er bisweilen gnadenlos.

Tobias Knopp im Portrait und in der verlängerten Rückenansicht (3, 97 u. 142).

Tobias Knopp ist der Held oder besser Antiheld der zwischen 1875 und 1877 erscheinenden Knopp-Trilogie. Die ›Abenteuer eines Junggesellen‹ schildern Knopp, den es in einer Art Midlife-crisis (»Rosen, Tanten, Basen, Nelken / Sind genötigt zu verwelken; / Ach – und endlich auch durch mich / Macht man einen dicken Strich.«; 3, 12 f.) zur Ehe treibt. Also begibt er sich auf Brautschau. Nach allerlei Irrungen und Wirrungen, in denen er auf Meister Druff (vgl. S. 11), Witwer Sauerbrot und einen trinkfreudigen Asketen trifft (»Ich‹ – so spricht er – ›heiße Krökel / Und die Welt ist mir

Knopp-Trilogie. Frontispiz der Ausgabe München 1906.

Aus: Abenteuer eines Junggesellen (3, 9)

zum Ekel.«« ; 3, 75), kehrt er wieder heim und freit seine Haushälterin Dorothee.

Für jemand wie Knopp, der keinerlei weitere Ansprüche an das Leben zu haben scheint, als gut versorgt zu werden, eine ausgesprochen glückliche Lösung. ›Herr und Frau Knopp‹ berichtet sodann von den kleinen Freuden und Leiden in einem bis auf eine Ausnahme ereignislos zwischen den Hauptmahlzeiten dahindümpelnden Eheleben. Diese Ausnahme heißt »Julchen« und ist die Tochter der Knopps sowie der Name des letzten Bandes der Trilogie. In schwankhaften Episoden wird Knopp in seinen Vaterpflichten und Nöten vorgestellt, bis auch Julchen unter die Haube kommt: »Knopp der hat hienieden nun / Eigentlich nichts mehr zu tun«, so der lakonische Kommentar, der das Ende einläutet.

*Einszweidrei, im Sauseschritt
Läuft die Zeit; wir laufen mit. (3, 177)*

Offenbar hat der Antiheld keine weitere Aufgabe im Leben, als seinem biologischen Auftrag zu folgen und seine väterliche Pflicht zu tun, und wird nun, da er darüber alt und schrumpelig geworden ist, aus seinem unbedeutenden Leben schnörkellos verabschiedet: »Na, jetzt hat er seine Ruh! / Ratsch! Man zieht den Vorhang zu.« (3, 204 ff.)

Immer wieder sind es die Frauen, die Busch aus der Reserve locken, so auch Maria Anderson, die holländische Schriftstellerin, mit der er brieflich eine Art philosophischen Flirt führt. Ein persönliches Treffen jedoch verläuft enttäuschend. Wiederum eine halbherzige Liebschaft, wie auch die zu Maria Hesse, einer verheirateten Frau und Mutter mehrerer Kinder, die er 1878 auf Borkum kennenlernt. Weitere Freundschaften und Briefwechsel in zunehmend väterlichem bzw. großväterlichem Ton folgen, mit Nanda Keßler, der Tochter Johannas, und seiner Verwandten Grete Meyer. Mit der begabten jungen Frau diskutiert er über Kunst, Literatur und Philosophie und fördert sie nach Kräften, wie er überhaupt die Verbesserung der Bildungschancen für Frauen unterstützt. »Der Bildungsdrang der Frauenzimmer ist doch nicht mehr aufzuhalten, und wer möcht's ihnen auch verdenken [...]. Schlau genug und betriebsam und hartnäckig sind sie dazu.«

Im übrigen bewegt ihn die Wertschätzung von Frauen dazu, bei diesem Thema auf Distanz zum ansonsten hochverehrten Schopenhauer zu gehen: »Wenn der alte Brummbartel von den Weibern nichts Gutes erwartet und ihnen nichts Gutes gönnt, so ist das eine von seinen Schrullen. Übrigens können die Frauen der modern kultivirten Welt sich damit trösten, daß sie 's beßer haben, als früher und anderswo; und so geht's hoffentlich weiter.« (B 1, 145)

> »Mit mehr Fug, als das schöne, könnte man das weibliche Geschlecht das unästhetische nennen. Weder für Musik, noch Poesie, noch bildende Künste haben sie wirklich und wahrhaftig Sinn und Empfänglichkeit; sondern bloße Aefferei, zum Behuf ihrer Gefallsucht, ist es, wenn sie solche affektiren und vorgeben.«
>
> *Arthur Schopenhauer:*
> *Über die Weiber*

Ein zentrales Anliegen der *Frauenbewegung* der Kaiserzeit war die Verbesserung der Frauenbildung. Erst Ende des 19. Jahrhunderts wurde die Möglichkeit zur Immatrikulation von Frauen an deutschen Universitäten allmählich über Ausnahmegenehmigungen durchgesetzt. 1896 wurden Frauen als Gasthörerinnen in Preußen zugelassen. Im Jahr 1900 führte das Großherzogtum Baden das Frauenstudium als erstes deutsches Land ein, 1908 folgte Preußen. Das Frauenwahlrecht wurde in Deutschland im Jahr 1918 eingeführt.

»Wer einsam ist, der hat es gut, / Weil keiner da, der ihm was tut« (4, 324), so Busch in zwischen Lachen und Weinen schwebender Formulierung. Der fern vom Keßlerschen Kamin frierende Eskimo hat aus seiner Situation das Beste gemacht. Aus dem verhinderten Vater wird ein passionierter Onkel, der zärtliche Briefe nach Frankfurt an die »lieben Mädercher« (1, 116) schreibt und seinen Neffen ein umsichtiger und treusorgender Ersatzvater ist. Und doch gilt auch für Busch selbst, was er über den Junggesellen an sich schreibt: »Onkel heißt er günst'gen Falles, / Aber dieses ist auch alles.« (3, 148)

»Wer einsam ist, der hat es gut«, denn er ist vor allen Dingen vor Zurückweisung sicher. Glücklich freilich wird man auf diese Weise nicht, zumal wenn die Nähe, die lebbar ist, nicht der entspricht, die man sich wünscht. So begibt sich der Eskimo zwar immer wieder auf Ausflüge in wärmere Gefilde, wohnt aber ansonsten ganz nach Eskimositte in einem Iglu – wenn auch in einem von der besonderen Art: »Ich zieh mich ergebenst zurück ins Gedankenstübchen, welches stets gleichmäßig erwärmt ist.« (B 2, 290 f.)

In einem Brief aus dem Jahr 1891 sucht Busch Nanda Keßler zu trösten, indem er über seine eigene Erfahrung berichtet: »Ja, die Sehnsucht, die allgemeine, im rosigen Nebel von tausend Möglichkeiten der Erfüllung, ist eher was Wonniges. Kommt aber der Wunsch, der bestimmte, und zugleich das Hinderniß, das grad so bestimmte, dann ist der Teufel los. Unwirrsch, unstet, weg Schlaf und Appetit; wo man auch hintappt, nichts recht, nichts wünschenswerth! – Doch endlich tobt er aus, der arme Kerl; Madam Vernunft, die scheu beiseit gegangen, darf wieder näher treten; müd und matt legt er sein Haupt an den getreuen, wenn auch nicht sehr üppigen, Busen dieser verständigen Freundin; sammelt sich; baut sich ein schönes Luftschloß weit hinten am Nordpol und kann nie mehr heraus, will nie mehr heraus, wenigstens nie mehr auf lange.« (B 1, 339 f.)

8. Kapitel

Pessimismus

Wo man am meisten erpicht,
Grad das bekommt man meistens nicht. (4, 547)

Mancher ertrinkt lieber, als daß er um Hilfe ruft. (4, 548)

Buschs Beschäftigung mit dem Denken Schopenhauers
hat ihm vor allem in vergangenen Jahrzehnten den
Ruf des heimlichen Philosophen, ja eines humoristischen
Weltweisen eingetragen. Heute wird man Buschs philosophische Qualität nüchterner beurteilen. Nur skizzen-
haft werden die Themen zumeist in den Briefen behandelt:
»Es sind die immergleichen Probleme, die eine immer-
gleiche Lösung finden: kein Denken, das sich am Denken
entzündete, brav trottet es in der eingefahrenen Spur,
kennt kein Drängen übers Gewohnte hinaus« (123),
schreibt Bernhard Sorg, der in seinem Buch ›Zur literarischen Schopenhauer-Rezeption im 19. Jahrhundert‹
das Kapitel über Busch mit dem kennzeichnenden Titel
›Schopenhauer in der Provinz‹ versieht.

Wie für Schopenhauer ist es auch für Busch der blinde
Wille, der die Welt bestimmt. Dieser Lebenswille als das
schlechthin böse Prinzip bindet den Menschen an ein
Leben, das gleichbedeutend mit Leiden ist. Auch für Busch
herrscht der Wille über den Verstand, ist der Mensch, dessen Charakter als unveränderlich begriffen wird, unfrei.
Von Schopenhauer übernimmt Busch weiter die Idee der

Arthur Schopenhauer und sein Pudel Atman (d. h. Weltseele auf Sanskrit), kurz genannt »Butz«. Karikatur von Wilhelm Busch (SW 8, 253).

Metempsychose (Seelenwanderung), gemäß der alles Lebendige in ein leidhaftes System von Geburt, Tod und Wiedergeburt eingebunden ist.

Seelenwanderung

Wohl tausendmal schon ist er hier
Gestorben und wiedergeboren,
Sowohl als Mensch wie auch als Tier,
Mit kurzen und langen Ohren.

Jetzt ist er ein armer blinder Mann,
Es zittern ihm alle Glieder,
Und dennoch, wenn er nur irgend kann,
Kommt er noch tausendmal wieder.

Aus: Zu guter Letzt (4, 273)

»*Verrufene Worte.* – Weg mit den bis zum Überdruß verbrauchten Wörtern Optimismus und Pessimismus! Denn der Anlaß, sie zu gebrauchen, fehlt von Tag zu Tag mehr; nur die Schwätzer haben sie jetzt noch so unumgänglich nötig. Denn weshalb in aller Welt sollte jemand Optimist sein wollen, wenn er nicht einen Gott zu verteidigen hat, welcher die beste der Welten geschaffen haben muß, falls er selber das Gute und Vollkommene ist, – welcher Denkende hat aber die Hypothese eines Gottes noch nötig? – Es fehlt aber auch jeder Anlaß zu einem pessimistischen Glaubensbekenntnis […] Abgesehen von aller Theologie und ihrer Bekämpfung liegt es auf der Hand, daß die Welt nicht gut und nicht böse, geschweige denn die beste oder die schlechteste ist, und daß diese Begriffe ›gut‹ und ›böse‹ nur in bezug auf Menschen Sinn haben, ja vielleicht selbst hier, in der Weise, wie sie gewöhnlich gebraucht werden, nicht berechtigt sind: der schimpfenden und verherrlichenden Weltbetrachtung müssen wir uns in jedem Falle entschlagen.«
Friedrich Nietzsche: Menschliches, Allzumenschliches (1, 468)

In einem Brief an Maria Anderson faßt Busch diese Grundüberzeugungen zusammen: »Die [Wurzel von allem] ist, was Schopenhauer den Willen nennt: Der allgegenwärtige Drang zum Leben; überall derselbe, der einzige; im Himmel und auf Erden; in Felsen, Waßer, Sternen, Schweinen, wie in unsrer Brust. Er schafft und füllt und drängt, was ist. Im Oberstübchen sitzt der Intellekt und schaut dem Treiben zu. Er sagt zum Willen: ›Alter! laß das sein! Es giebt Verdruß!‹ Aber er hört nicht. Enttäuschung; kurze Lust und lange Sorge; Alter, Krankheit, Tod, sie machen ihn nicht mürbe; er macht so fort. Und treibt es ihn auch tausend Mal aus seiner Haut, er findet eine neue, die's büßen muß. – Und dieser Wille, das bin ich.« (B 1, 144)

Busch weicht allerdings auch in wesentlichen Punkten von Schopenhauer ab, denn in dessen Denken kann der böse Wille verneint werden: in der Askese, die das Begehren und folglich das Leiden abtötet, und in der Kunst (insbesondere in der Musik), wo der Wille zur reinen Anschauung, zum interesselosen Wohlgefallen hin überwunden wird. Vor allem kann der böse Wille im Mitleid durchbrochen werden. Das Eigene wird hier zum Anderen hin überschritten, denn der Mensch erkennt, daß die

Wilhelm Busch: Zwei Schusterjungen, um 1870, Öl auf Leinwand, 36,5x31 cm.

Leidhaftigkeit des Lebenswillens ihn mit allem Lebendigen verbindet. Nur folgerichtig schließt Schopenhauers Mitleidsethik auch Tiere ein.

Alle drei Möglichkeiten entfallen bei Busch. Die Asketen und Heiligen stehen unter dem Generalverdacht der Verlogenheit. Die hehre Kunst hat abgewirtschaftet. Buschs Künstlergestalten sind ihrem eigenen Wohl, nicht dem interesselosen Wohlgefallen verpflichtet.

Am nachdrücklichsten, ja mit »penetranter Hartnäckigkeit« (Willems 22) argumentiert Busch gegen die Mitleidsethik an. »Schneide einen Dieb vom Galgen, und er bestiehlt dich.« (4, 543) Auf die gute Tat folgt stets die böse Antwort – und dies zu Recht, denn in der von Schadenfreude und Häme beherrschten Welt ist auch das Mitgefühl nur eine willkommene Gelegenheit, sich über andere zu erheben: »Du merkst, daß die Bedaurerei / So eine Art von Wonne sei.« (2, 520) Mitgefühl wird als verlogene

---

»(W)enn also Jedem von diesen Allen ein mächtiger Unterschied obzuwalten scheint zwischen dem eigenen Ich und dem fremden; so ist hingegen jenem Edlen, den wir uns denken, dieser Unterschied nicht so bedeutend; das principium individuationis, die Form der Erscheinung, befängt ihn nicht mehr so fest; sondern das Leiden, welches er an Andern sieht, geht ihn fast so nahe an, wie sein eigenes: er sucht daher das Gleichgewicht zwischen beiden herzustellen, versagt sich Genüsse, übernimmt Entbehrungen, um fremde Leiden zu mildern. Er wird inne, daß der Unterschied zwischen ihm und Andern, welcher dem Bösen eine so große Kluft ist, nur einer vergänglichen täuschenden Erscheinung angehört: er erkennt, unmittelbar und ohne Schlüsse, daß das Ansich seiner eigenen Erscheinung auch das der fremden ist, nämlich jener Wille zum Leben, welcher das Wesen jeglichen Dinges ausmacht und in Allem lebt; ja, daß dieses sich sogar auf die Thiere und die ganze Natur erstreckt: daher wird er auch kein Thier quälen.«

Arthur Schopenhauer: Die Welt als Wille und Vorstellung (2, 462)

Frömmelei abgetan und kommt als Erkenntnis universeller Verbundenheit und Erfahrung existentieller Solidarität nicht vor. Busch gefällt sich als schonungsloser Realist ... oder denkt er sich seine Angst vernünftig?

Was bleibt, ist ein abgrundtief pessimistisches Weltbild, gewürzt mit einer stark betonten Schuldthematik, gleichsam das protestantische Erbe, das sich unter der Hand einschleicht. »Wir taugen alle zusammen in der Wurzel nicht« (B 1, 154), und weil dem so ist, ist all das Üble, das einem im Leben widerfährt, selbstverschuldet: »Was hilft's, wenn Einer klagt: ›Was kann ich dafür? Ich bin mal so.‹ Verurtheilt und bestraft wird er doch. Und, was mich betrifft, ich geb's immer mehr auf, mich auszureden und zu entschuldigen, indem ich immer mehr einsehe, daß mir ganz recht geschieht.« (2, 36)

Buschs Lieblingsthema, die Boshaftigkeit, hat in den giftigen Bildergeschichten und Gedichten ihre die menschlichen Tücken entlarvende Berechtigung.

Die erste alte Tante sprach:
Wir müssen nun auch dran denken,
Was wir zu ihrem Namenstag
Dem guten Sophiechen schenken.
Drauf sprach die zweite Tante kühn:
Ich schlage vor, wir entscheiden
Uns für ein Kleid in Erbsengrün,
Das mag Sophiechen nicht leiden.
Der dritten Tante war das recht:
Ja, sprach sie, mit gelben Ranken!
Ich weiß, sie ärgert sich nicht schlecht
Und muß sich auch noch bedanken. (2, 507)

Die generalisierende Haltung allerdings, in der »das Böse« und »die Schuld« letztlich nicht kritisiert, sondern vom moralischen in den anthropologischen Bereich verschoben werden, führt in die Sackgasse. »Die Welt ist wie Brei.

Zieht man den Löffel heraus, und wär's der größte, gleich klappt die Geschichte wieder zusammen, als wenn gar nichts passiert wäre.« (4, 182) Und in der Tat ist es eine jegliche Perspektive auf Veränderung erstickende Welt aus Brei, die aus einer Art pessimistischem Eintopf entsteht, der ohne die notwendigen Differenzierungen zusammengerührt wurde.

Die Welt aus Brei stammt aus Buschs Erzählung ›Eduards Traum‹. Nur wenige Zeilen zuvor hat Eduard festgestellt, was auch für den Autor selbst gilt: »Mit der Politik gab ich mich nur so viel ab, als nötig, um zu wissen, was ungefähr los war.« (4, 181) Von »Volksbeglückung« (B 1, 29) hält Busch jedenfalls nichts, und auch an die Idee der Gerechtigkeit kann er nicht glauben, »so lange das ›Eingeweide der Menschheit‹ daßelbe bleibt« (B 2, 132). Was sollte man auch in einer Welt, die unabänderlich dem bösen Willen unterworfen ist, mit Politik bewirken?

Ganz so unpolitisch, wie er tut, ist Busch freilich nicht. Wie viele seiner Zeitgenossen verehrt er Bismarck und ergreift für dessen Politik Partei. So in ›Monsieur Jacques à Paris während der Belagerung im Jahre 1870‹ (2, 137 ff.), ein geschmackloses Werk, das antifranzösische Affekte bedient und sich über die Not der Franzosen in ihrer von

---

Liebste Tante!

Wie schad, daß Sie nicht nach diesem Florenz mal hinüber gedampft sind; eine Fahrt, die doch gegen die vorjährigen Reisen zu Waßer und zu Lande so äußerst bequem ist. Von mir darf ich nicht reden. Ich bin ja still und einsam geworden. Theater, Konzerte, Eisenbahnen, Reichstagswahlen, der wunderliche Krieg auf fernen Inseln, kurz alles, was die sogenannte große Welt bewegt, brummt nur ganz leis verwirrt zu mir herüber. – Im Garten, um unsere Hütte herum, singen und brüten die geflügelten Musikanten.

Wilhelm Busch an Johanna Keßler, Wiedensahl 3. Juli 1898
(B 2, 131)

den preußischen Truppen belagerten Hauptstadt lustig macht. Deutlich ist Buschs Parteinahme für Bismarck in den zur Zeit des Kulturkampfes veröffentlichten Werken und auch in ›Der Geburtstag oder Die Partikularisten‹ (1873).

Das Königreich Hannover, Buschs Heimat, war 1866 aufgelöst und preußische Provinz geworden, zum Mißfallen der Partikularisten, die ihrem alten König nachtrauern. Auch der Dorfbürgermeister ist Preußen nicht wohlgesonnen … was seinen Zeichner ärgert, der die mißliebige politische Haltung sogleich ahndet, indem er den Mützenzipfel der Amtsperson in Brand setzt. (»Schon brennt der Zippel wie ein Licht. / Die Obrigkeit bemerkt es nicht. –«). Not kennt sodann kein Gebot – obgleich die geistesgegenwärtige Löschaktion Schlimmeres verhütet, haben sowohl die Zipfelmütze als auch die Würde ihres Trägers irreparabel gelitten. ›Der Geburtstag‹ ist ein harmlos heiteres Werk in unverkennbar staats- und bismarcktreuer Gesinnung.

Zumeist hält sich Busch jedoch in politischen Fragen zurück, was durchaus sein Positives hat. Sein Pessimismus bewahrt ihn vor nationaler Überheblichkeit und blind fortschrittsverliebter Großmannssucht – ein sympathischer Zug angesichts eines zu Prunk und Protz neigenden Zeitgeistes.

Dennoch hat Buschs Haltung ihre politischen Tücken: »Man kann nicht unpolitisch, man kann nur anti-politisch sein, und das heißt konservativ, – während der Geist der Politik humanitär-revolutionär ist in sich selbst«, sagt Tho-

Nur einer macht ihm stilles Graun –
Der Bismarck, dem ist nicht zu traun! (2, 389)

In Ängsten findet manches statt,
Was sonst nicht stattgefunden hat. (2, 393)

Der Kopf des Hermannsdenkmals, daneben der Bildhauer Ernst von Bandel und ein Modell des Denkmals.

Das über fünfzig Meter hohe Hermannsdenkmal im Teutoburger Wald wurde 1875 eingeweiht. Monumentaldenkmäler dieser Art (Siegessäule in Berlin, 1873, Niederwalddenkmal bei Rüdesheim, 1883) entsprechen dem Geist der Epoche, denn in ihnen verbindet sich nationales Pathos mit dem Stolz auf die technische Leistung.

Es geht der Krieger, der gerechte,
Mit frohem Mute zum Gefechte.
Indessen ist es ihm doch lieber,
Wenn alles erst mal gut vorüber.
(2, 310)

mas Mann (Sorg 109). Und in der Tat läßt das angeblich Unpolitische unter der Hand den Konservatismus obsiegen. Ist die Welt wie Brei, macht politisches Engagement keinen Sinn … und die Welt bleibt, wie sie ist.

Es ist eine breite resignativ-unpolitische Strömung des Zeitgeistes, dem Busch wie viele seiner Zeitgenossen anhängt, mit denen er auch die Begeisterung für Schopenhauer teilt. Der erste Band von dessen Hauptwerk ›Die Welt als Wille und Vorstellung‹ erschien 1819 und blieb weitgehend unbeachtet. Erst nach der gescheiterten Revolution von 1848 steigerte sich die Popularität und nahm fast modische Züge an. Denn der Pessimismus des Schopenhauerschen Denkens paßte zu den enttäuschten Hoffnungen der Bürger auf politische Reformen und diente sodann zur Rechtfertigung des Rückzugs ins Private.

»Das entscheidende Wort, welches durch unsre Seele klingt, ist Resignation, ein rauhes Wort oder ein sanftes, je nach dem wir die Saiten gespannt haben« (B 1, 27), schreibt Busch, der die sanfte und somit die gefährlichere Variante präferiert. Schmerzt doch in der rauhen Resignation das Arrangement mit dem angeblich Unabwendbaren noch, während man sich im sanften Fall mehr oder minder im Gegebenen einrichtet: erst minder, dann mehr. Irgendwann ist es im Grunde recht wie es ist, denn im »brodelnden Hexenkeßel der Welt […] würd alles kopfüber kopfunter gehn, hätte nicht schon längst die große und kleine Gesellschaft gewiße Zügel erfunden, um

---

In den siebziger und achtziger Jahren des 19. Jahrhunderts entwickelte sich ein eigenes Genre an populären Pessimismusschriften. 1879 erschien das ›Pessimistenbrevier‹ von Julius Bahnsen, etwa gleichzeitig die ›Stimmen des Weltleides‹ von Zdenko Fereus sowie Otto Kemmers ›Pessimisten-Gesangbuch‹, 1886 sodann die ›Perlen der pessimistischen Weltanschauung‹: alles hilfreiche Werke für den fatalen Fall, daß doch ein Fünklein Hoffnung aufgekommen war.

sie dem gar zu stürmischen Willen in's Maul zu legen.« (B 2, 43) Wo ausnahmslos der böse Wille herrscht, gehören die Menschen eben unter Kuratel – und der Pessimismus geht nahtlos in obrigkeitsstaatliches Denken über. Ehe man sich's versieht, findet man sich in der gemütlichen Runde all derjenigen wieder, die nun verteidigen, worunter sie einst litten.

> In diesem Reich geborner Flegel,
> Wer könnte sich des Lebens freun,
> Würd es versäumt, schon früh die Regel
> Der Rücksicht kräftig einzubläun. (4, 286)

In derlei Zeilen herrscht Spießereintracht zwischen Busch und seinen Lesern. Ja, da hier ein Weiser in der Tradition Schopenhauers spricht, darf man sich sogar am Tiefsinn der Erkenntnis freuen. Der Philosoph selbst ist für seine Rezeption natürlich nicht verantwortlich, schon gar nicht für Reimfassungen auf Stammtischniveau. Bisweilen kommt es im Leben eben noch schlimmer, als alle pessimistische Philosophie voraussehen kann.

Mit den Jahren kühlt Buschs Begeisterung für Schopenhauer ab. Im Jahr 1906 schreibt er: »Eigentlich hat's ja nicht viel auf sich mit dem besten Peßimismus. An dem Glücklichen gleitet er ab, wie Waßer an der pomadisirten Ente, und der Unglückliche weiß ohne weiters bescheid.«

»Wenn schon nicht die Verkünder der säkularen Heilsgeschichte auf ihn sich berufen können, so erst recht nicht die Verteidiger dessen, was ist. Schopenhauer hat die Solidarität mit dem Leid, die Gemeinschaft der im Universum verlassenen Menschen, entgegen der Theologie, der Metaphysik, sowie der positiven Geschichtsphilosophie jeder Art, der philosophischen Sanktionierung beraubt, aber darum keineswegs der Härte das Wort geredet.«

Max Horkheimer (258 f.)

Franz von Lenbach:
Otto Fürst Bismarck, 1890.

Exkurs: Das Reich Bismarcks

Die auf die gescheiterte Revolution von 1848 folgende Epoche ist eine Zeit der politischen Stagnation und des wirtschaftlichen Aufschwungs. Die bestimmende politische Gestalt ist Otto von Bismarck, der 1862 preußischer Ministerpräsident wird. Unter seiner Führung wird die einst von den Liberalen geforderte nationalstaatliche Einigung schrittweise als Revolution von oben vollzogen. Mit dem Sieg Moltkes über die österreichische Armee bei Königgrätz (1866) übernimmt Preußen die leitende Rolle in Deutschland und einigt sodann die Gebiete nördlich des Mains im 1867 gegründeten Norddeutschen Bund. Der Sieg im Deutsch-Französischen Krieg 1870–71 führt zur Reichsgründung im Spiegelsaal des Schlosses zu Versailles, wo Wilhelm I. am 18. Januar 1871 zum Deutschen Kaiser proklamiert wird. Im kleindeutschen Nationalstaat unter preußischer Führung verfügt der gewählte Reichstag nur über eingeschränkte Rechte. Die wirtschaftliche und gesellschaftliche Bedeutung des Bürgertums nimmt zu, die politische Macht allerdings liegt in den Händen adliger Großgrundbesitzer, die auch die zentralen Positionen in Militär und Bürokratie besetzen.

Durch die Reichsgründung wird ein deutscher Großwirtschaftsraum geschaffen. Wirtschaft und Handel florieren und führen zu Wachstum auf nahezu allen Gebieten: ein machtvoller Aufbruch in die Moderne. Die Produktion verdoppelt sich bis zur Jahrhundertwende, die Bevölkerungszahl steigt von 40 auf 60 Millionen. Immer mehr Menschen leben in den Städten. Die Zeit der boomenden Industrialisierung ist zugleich eine Zeit der sich verschärfenden sozialen Gegensätze, denen Bismarck durch das Sozialistengesetz (1878), aber auch eine erste Sozialgesetzgebung Herr zu werden versucht.

Es ist weiter eine Zeit des technischen Fortschritts und

der Innovationen. Zu Bergbau, Hüttenwesen und Metall-
verarbeitung treten neue Industriezweige wie die chemi-
sche Industrie und die Elektroindustrie. Das Eisenbahn-
netz wird ausgebaut, der Schiffbau nimmt Aufschwung.
1881 fährt die erste elektrische Straßenbahn in Berlin, und
im Jahr 1887 entwickelt Gottlieb Daimler einen vierrädri-
gen Kraftwagen mit Benzinmotor.

Als im Jahr 1888 Wilhelm I. stirbt und sodann auf Friedrich III., der nur 99 Tage regiert, Wilhelm II. folgt, sind
auch Bismarcks Tage an der Macht gezählt. Der Gegensatz
zu Wilhelm II. ist unüberbrückbar, so daß Bismarck 1890
zurücktritt.

»Und so warst Du am Schluß des Jahres also beim großen Steuermann den sie leidergotts nun schon lange aufs
Trockne gesetzt haben«, schreibt Busch 1892 an seinen
Malerfreund Lenbach, der Bismarck oft porträtiert hat,
und fügt besorgt hinzu: »Nur, daß der Obige nicht mehr
das Ruder hält, will doch hie und da etwas bedenklich erscheinen. So dampfen wir dahin, und wohl Dem, der nicht
nervös ist« (B 1, 347). Mit dem forschen Kaiser Wilhelm II.
und seiner säbelrasselnden Kolonial- und Flottenpolitik
dreht sich in der Tat der politische Wind. Chauvinistisches
Großmachtstreben führt Deutschland im Wettlauf um
Weltgeltung und Kolonien nicht zum angestrebten »Platz
an der Sonne«, sondern in den Ersten Weltkrieg.

Man wird sich schwertun, die Welt der zweiten Hälfte des 19. Jahrhunderts in der Welt von Buschs Bildergeschichten wiederzuerkennen. Zentrale Gegenwarts-
fragen kommen nicht vor, ja selbst das Ambiente wirkt
antiquiert. Zwar ist die Kerze auf dem Nachttisch des Bürgermeisters zum Abfackeln der Zipfelmütze unerläßlich,
gegen Ende des Jahrhunderts jedoch stehen bereits Gas-
und Petroleumlampen (jedenfalls in der Stadt) im Begriff,
vom elektrischen Licht mehr und mehr verdrängt zu werden. Es ist eine provinziell vorindustrielle Welt, die Busch
vorstellt, und entsprechend wird er, wie Thomas A. Kohut

Adolph von Menzel: Das Eisenwalzwerk, 1875.

betont, »von seinen Bewunderern als Verkörperung nostalgischer ›Behaglichkeit‹ gefeiert« (160).

Kohut beschreibt in seinem Aufsatz ›Die Erfindung eines literarischen Nationalhelden‹ weiter, wie der Busch-Enthusiasmus 1902 anläßlich des 70. Geburtstages Buschs relativ unvermittelt losbricht. Offenbar ist man um die Jahrhundertwende angesichts der rasanten gesellschaftlichen Veränderungen und einer immer aggressiver auftrumpfenden Politik um ein gemütliches Eckchen dank-

---

Daß Busch in seinen letzten Lebensjahrzehnten keine Bildergeschichten mehr veröffentlichte und äußerst zurückgezogen lebte, zeigte offensichtlich die von ihm gewünschte Wirkung. Er geriet mehr und mehr in Vergessenheit. Kohut verweist auf fehlende Einträge in Lexika oder Literaturgeschichten. In der 4. Auflage von Meyers Konversations-Lexikon (1888) wird er zwar erwähnt (nicht sonderlich freundlich, da man dem Zeichner eine »rohe Formlosigkeit« attestiert), aber man ist auffallend schlecht informiert und macht aus ihm einen »passionierten Bienenzüchter«, der nun in seiner Heimat lebt.

bar, in dem man die Augen vor der Realität verschließen kann. Nicht anders sieht dies der Zeitgenosse Josef Hofmiller: »Es ist nicht ohne Sentimentalität, wenn die Deutschen, zu der Zeit, da das junge Reich sich ungestüm reckt und dehnt, für Busch und Reuter schwärmen: für die agrarische Idylle, für die Landstädtchenbehaglichkeit, fürs dumpfe deutsche Stubenglück (…). Das wirkliche Leben ist von Busch nicht festgehalten worden. Kein Dröhnen und Brausen von dem neuen Reiche der Arbeit, der Machtmehrung drang in die Wiedensahler Einsamkeit. Eine junge Welt war im Werden, aber viele Deutsche wollten nichts davon merken, schlossen die Augen davor und umgaben sich mit dem engen Horizont plattdeutscher Spießbürgerlichkeit.« (Kohut, 161)

9. Kapitel
Frömmler

In rascher Folge erscheinen 1870 ›Der heilige Antonius von Padua‹, 1872 ›Die Fromme Helene‹ sowie 1872 ›Pater Filucius‹, die ihre Verbreitung nicht zuletzt der Kulturkampfstimmung verdanken, die im Deutschen Reich herrscht. Freilich wehrt sich Busch gegen seine Vereinnahmung für Fragen des politischen Tagesgeschehens.

Entsprechend ist einer seiner Kritikpunkte an der von Eduard Daelen verfaßten Biographie (vgl. S. 12), daß dieser ihn zu stark zum Kulturkämpfer gegen die Katholiken stilisiert. »Der scharfe, leidenschaftliche Ton den Sie, besonders auch zum Schluß, gegen die Ultramontanen anschlagen, stimmt, ob ich gleich kein Freund derselben, doch nicht zu meiner gelinden Gemüthsverfaßung.« (B 1, 269 f.)

Der heilige Antonius (2, 98)

Und in der Tat reicht die Bedeutung von Buschs Satiren gegen Frömmelei, Aberglauben und verspießte Doppelmoral über den konkreten historischen Kontext, in dem sie stehen, weit hinaus. Ja, der heilige Antonius und die fromme Helene gehören zum Besten, was Buschs Bildergeschichten zu bieten haben.

Auch die Entstehungsgeschichte des ›heiligen Antonius‹ widerspricht der oft unterstellten Absicht einer tendenziösen Parteinahme, denn Buschs Vorarbeiten reichen über Jahre zurück. So steht nicht der Kulturkampf Pate, sondern – wie Busch an den Verleger Moritz Schauenburg berichtet – der Kalender ›Unserer lieben Frauen‹, der Busch zufällig in die Hände fällt. Dieser Kalender, der

Die fromme Helene (2, 282)

Der heilige Antonius von Padua
Saß oftmals ganz alleinig da
Und las bei seinem Heilgenschein,
Meistens bis tief in die Nacht hinein. – (2, 121)

Um den Heiligen mit Namen Antonius Gerechtigkeit widerfahren zu lassen, sei erwähnt, daß Busch Antonius von Padua (1195–1231), einen Franziskanermönch und Volksprediger, mit dem Eremiten und Wüstenvater Antonius (251/252–356) vermengt. Letzterer gilt u. a. als Schutzheiliger der Bauern und ihrer Nutztiere sowie der Metzger, weswegen er ein Schwein als Attribut hat. Die Legende ist als Textgattung traditionell nur bedingt der Wahrheit verpflichtet, weswegen auch dem Legendenparodisten seine Heiligenmixtur verziehen sei.

die Vorlage für verschiedene Kapitel des ›Antonius‹ liefert, berichtete von »eine(r) Fülle der sonderbarsten Dinge« (B 1, 56) und ordnet jedem Tag ein Marienwunder zu: ein Werk, das leicht unter den Verdacht der überzogen Satire geraten würde, handelte es sich nicht um das ernstgemeinte Erzeugnis eines verwunderlichen Wunderglaubens. Im übrigen kann Busch, so kritisch er dies alles auch sieht, der praktischen Seite der Heiligkeit durchaus ihr Gutes abgewinnen.

›Der heilige Antonius von Padua‹ beginnt mit der Klage über die Schlechtigkeit der Welt – ein gleichermaßen schöner wie bewährter Einstieg für alles Legendenhaft-Erbauliche und folglich auch für dessen Parodien – und der verzweifelten Frage: »Aber wo ist Frömmigkeit???«

Busch hat sich von Bassermann, der nach dem erfolgreichen Verkauf des ›Antonius‹ und der ›Helene‹ auf weitere antikatholisch gesinnte Käuferschaft spekulierte, zu ›Pater Filucius‹ überreden lassen. Eine überzeugende Erklärung für das Mißlingen des ›Filucius‹ gibt Bernhard Sorg, der betont, daß der Reiz von Buschs Bildergeschichten gerade darin liegt, daß Busch moralisierende Vereindeutigungen meidet: »(D)ie Gestalt des Gottlieb Michael, als eine bewußt ›positive‹, zerstört die heitere moralische Indifferenz, die die Bedingung allen Gelingens bei Busch ist. Der Mahnung Schopenhauers, den Menschen mit Nachsicht und Schonung zu begegnen, ist er auf hintergründige Weise nachgekommen: er zeigt sie, karikiert sie, aber verurteilt sie nicht. Demnach enthüllt die satirische Übertreibung soviel von ihren Torheiten, Schwächen und Lastern, daß auch ohne dezidierten Kommentar der Leser weiß, wie er von diesen wie in einem Zoo ausgestellten Geschöpfen zu denken hat.« (155) Busch nennt den ›Filucius‹ selbst ein »Tendenzstückerl« (B 1, 272). In der Tat steht hier Gut gegen Böse, d. h. Gottlieb Michael, der das Deutsche Reich symbolisiert, gegen den Jesuitenpater Filucius, so daß die Bildergeschichte verflacht.

Als *Kulturkampf* bezeichnet man den Konflikt um die Kompetenzen von Staat und Kirche in der zweiten Hälfte des 19. Jahrhunderts, der auch in anderen europäischen Ländern, im gerade gegründeten Deutschen Reich jedoch in aller Schärfe stattfand. Er wurde durch die Frontstellung der katholischen Kirche gegen die liberale Kultur und Staatslehre sowie gegen das von der Aufklärung und den Naturwissenschaften bestimmte moderne Denken ausgelöst. Entsprechend befand sich auch die katholische Zentrumspartei in Opposition zur offiziellen Staatspolitik. Bismarck und mit ihm weite Teile der überwiegend protestantischen deutschen Bevölkerung verurteilten den Herrschaftsanspruch der römischen Kurie über die deutschen Katholiken und sahen ihn als unerträgliche Einmischung und als Angriff auf die staatliche Souveränität und nationale Einheit an.

»Gewaltig wurmte ihn die Vorherrschaft des Zentrums und der römischen Kirche im Lande Luthers und Kants und Bismarcks … (…) Es empörte ihn, daß noch immer ›ein alter Italiener‹, der von deutschem Wesen keine Ahnung habe, sich erdreiste, uns in unsere Angelegenheiten reden zu wollen, die ihn gar nichts angingen.« (N 149), so einer der Neffen Buschs über die Auffassung seines Onkels, die er mit vielen Protestanten teilte.

Im Verlauf des Kulturkampfes wurden Sondergesetze erlassen: der Kanzelparagraph von 1871 gegen den Mißbrauch der Predigt zu politischen Zwecken, 1872 das Schulaufsichtsgesetz und das Verbot des Jesuitenordens, 1874 die pflichtgemäße Einführung der Zivilehe. Papst Pius IX. forderte dazu auf, sich diesen Gesetzen nicht zu beugen, was zur Verurteilung zahlreicher Bischöfe und Geistlicher führte.

Aufgrund der Wahlerfolge der Zentrumspartei und dem Wunsch, diese in den Kampf gegen die Sozialdemokraten einzubinden, lenkte Bismarck ein. Bis 1891 wurden fast alle Kulturkampfgesetze wieder rückgängig gemacht (überdauert hat bis heute die Zivilehe).

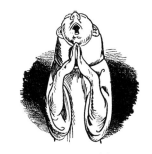

Dank dir, o Himmelskönigin!
(2, 103)

Der heilige Antonius, der Versuchung widerstehend.

Die Antwort läßt nicht lange auf sich warten, denn das erste Kapitel stellt sogleich einen Jungheiligen vor (»Auch unser Toni zeigte früh / Zum Heilgen mancherlei Genie.«; 2, 76ff.), der zu den kühnsten katholischen Hoffnungen Anlaß gibt. Von der irdischen Liebe enttäuscht (bzw. vom Ehemann fast erwischt) entsagt er der Welt und wählt sich Maria zur Königin seines Herzens. Natürlich widersteht er den Nachstellungen des Teufels, wirkt ganz nach Heiligenart Wunder und erweist sich so als der besondere Günstling Mariens. Und tatsächlich: Maria hat geholfen, denn nicht Antonius, sondern sein Begleiter Doktor Alopecius wurde vom Blitz erschlagen.

Wie jeder andere ordentliche Heilige wird auch Antonius vom Weibe versucht, das sich heimtückisch Zugang zum Frommen erschleicht, indem sie um die Beichte bittet.

Doch angesichts der geballten Heiligkeit versagen die Waffen der verruchten Frau, ja, der asketischen Großtat kann selbst sie ihre Bewunderung nicht versagen: »Ich kenne doch so manchen Frommen! / So was ist mir nicht vorgekommen« (2, 110ff.).

Nachdem Antonius weitere Wegpfeiler zur Heiligkeit wie eine Wallfahrt sowie sonstige Irrungen und Wirrungen mit Bravour hinter sich gelassen hat, wird ihm ein göttliches Zeichen gesandt ... nämlich ein Schwein, mit dem er gemeinsam seinen wohlverdienten glücklichen Lebensabend verbringt.

Beide werden von Maria an der Himmelspforte empfangen, die keine Argumente gegen die ungewöhnliche doppelte Apotheose gelten läßt.

Satire hin, Satire her: man kann sich von der Schlußsequenz des ›hl. Antonius‹ auch anrühren lassen, zumal wenn man um das Ende des indischen Volksepos ›Mahābhārata‹ weiß. König Yudhishthira wird vom hinduistischen Gott Indra die leibliche Aufnahme in den Himmel gewährt ... die dieser ausschlägt, um seinen treuen Beglei-

*So lebten die zwei in Einigkeit
Hienieden auf Erden noch lange
Zeit,
Und starben endlich und
starben zugleich und fuhren
zusammen vors Himmelreich. –*
(2, 134)

*Willkommen! Gehet ein in
Frieden!
Hier wird kein Freund vom
Freund geschieden.*

ter, einen Hund, nicht zurücklassen zu müssen. Sodann fahren beide auf Indras Wagen gen Himmel ...

Fromme Katholiken hatten bei Buschs Werk einiges einzustecken, die Himmelfahrt eines Schweins jedoch war definitiv zuviel. Gilt es doch seit dem Kirchenvater Augustinus als eine theologisch ausgemachte Sache, daß die Seele der Tiere (im Gegensatz zur unsterblichen Seele des Menschen) mit dem Tode zugrunde geht, weswegen kein Schwein in den Himmel kommt. Schweine gehören eben in den christlichen Magen, nicht in den christlichen Himmel.

›Der heilige Antonius‹ trägt seinem Lahrer Verleger Moritz Schauenburg einen Prozeß wegen »Herabwürdigung der Religion und Erregung öffentlichen Ärgernisses durch unzüchtige Schriften« ein. Den Tatbestand der Unzucht sah man durch die drallen Versucherinnen des Antonius, den der Herabwürdigung durch die Himmelfahrt eines Schweins erfüllt. Die Angelegenheit endete am 27. März 1871 mit dem Freispruch durch das Schwurgericht in Offenburg. Auch anderenorts wurden Prozesse angestrengt, ja in Österreich blieb der ›Antonius‹ bis 1902 verboten.

›Die Fromme Helene‹ ist Buschs erster Bilderroman, der in siebzehn Kapiteln Helenes Werdegang vorstellt, vom zarten Mädchenalter bis hin zum bitteren Ende. Während der ›hl. Antonius‹ Heiligenkult und Wundersucht kritisiert, nimmt Busch hier verspießte Moralvorstellungen und religiöse Heuchelei aufs Korn. Wiederum hebt er zur ironischen Klage über den Sittenverfall besonders in der verderbten Großstadt an, weswegen auch Onkel Nolte sein Mündel Helene unter die »frommen Lämmer« (2, 205) aufs Land holt.

Mit dem Ehepaar Nolte ist Busch ein großer Wurf ge-

Ein Zeitgenosse Buschs, der Ästhetiker Friedrich Theodor Vischer, nimmt ebenfalls am ›hl. Antonius‹ Anstoß. Gemäß seiner Grundthese, »daß die volle, freie Komik und das sexuell Pikante nicht zusammengehen« (BG II, 941), stellt er strenge Kriterien für die zeichnerische Umsetzung auf: »Der rechte Komiker als Zeichner läßt ein Weib auf den Kopf stellen und doch die Röcke nicht zurückfallen.« Was interessieren auch die Gesetze der Schwerkraft angesichts des zu vermeidenden »Kitzeln und Krabbeln an der Inguinalregion«, wie der sittenstrenge Protestant elegant den weit unterhalb des Halses liegenden Bereich des Unaussprechlichen umschreibt. Für Vischer zählt Buschs Werk zur Pornographie. »Es gibt einen pornographischen Strich«, so der Ästhetiker weiter, »(und) dieser Strich ist nicht deutsch.« Der undeutsche Strich (an dessen Erklärung der gesunde Menschenverstand verzagen mag) ist im Vokabular des verqueren Nationalismus der Epoche mit französisch identisch, zumal wenn es um »Schlüpfriges« geht, das man dem ungeliebten Nachbarn nur allzugern unterstellt. Als Busch später vom Angriff Vischers erfährt, vermerkt er trocken: »Ich habe ja meine Nücken doch einen *reizenden* Strich hätt ich mir niemals zugetraut.« (B 1, 270)

glückt, zwei Prachtexemplare der moralisierenden Gattung, wahre Könner ihres Fachs, der Onkel in der strengen, die Tante in der milden Variante. Beide kämpfen auf getrennten, von den Geschlechterrollen vorgegebenen Wegen, sind aber durchaus eines Geistes, zumal wenn es darum geht, mit Argusaugen über die Wahrung von Sitte und Anstand zu wachen.

> Ein guter Mensch gibt gerne acht,
> Ob auch der andre was Böses macht;
> Und strebt durch häufige Belehrung
> Nach seiner Bess'rung und Bekehrung. (2, 261)

Von ebendem Schlag sind Onkel und Tante, und natürlich ist ihr Mündel die erste Adresse für moralische Ermahnungen aller Art:

> »Helene!« – sprach der Onkel Nolte –
> »Was ich schon immer sagen wollte!
> Ich warne dich als Mensch und Christ:
>
> Oh, hüte dich vor allem Bösen!
> Es macht Pläsier, wenn man es ist,
> Es macht Verdruß, wenn man's gewesen!«

›Die Fromme Helene‹ entsteht in der Zeit, da Busch in Frankfurt lebt und im Keßlerschen Hause verkehrt. Lina Keßler, die älteste Tochter Johannas, ist möglicherweise das Vorbild der Helene. Die Lebensart des Großbürgertums der Gründerzeit, die Busch im Keßlerschen Haushalt kennenlernt, hinterläßt in der Darstellung des Industriellen Schmöck und seines Haushaltes ihre Spuren. Busch läßt Schmöck, den reichen Hausherrn, an einer Fischgräte ersticken und hat sich so wenigstens künstlerisch eines mißliebigen Gatten entledigt. Die Bilderhandschrift der ›Frommen Helene‹ schenkte Busch Johanna Keßler.

Wo der Onkel (offenbar ein Kenner der Materie) das Wort
ergreift, naht unvermeidlich die Tante, um prompt ins gleiche Horn zu stoßen:

> »Ja leider!« – sprach die milde Tante –
> »So ging es vielen, die ich kannte!
> Drum soll ein Kind die weisen Lehren
> Der alten Leute hochverehren!
> Die haben alles hinter sich
> Und sind, gottlob! recht tugendlich!« (2, 206)

Die Berechtigung der Tantenthese, daß die Alten, da sie
nicht mehr so recht können, wie sie eigentlich wollen, na-
turgemäß der Tugend zuneigen und deshalb besonders
verehrungswürdig sind, sei dahingestellt. Wichtig ist vielmehr der hier zugrundeliegende Tugendbegriff, der einer
leib- und weltfeindlichen Tradition christlichen Denkens
entstammt, die alles, was für Lebensfreude steht (insbesondere natürlich Sexualität) für sündhaft erklärt. Tu-
gendhaftigkeit bedeutet Selbstverleugnung und Entsagung, denn traditionell wird die Seligkeit des Himmels
gegen die angebliche Sündhaftigkeit des Irdischen ausge-
spielt und folglich jenseitiges Glück mit diesseitigem Unglück erkauft. Die wenigen Freuden, die dann noch bleiben, sind, für sich selbst den Rang der Vorbildhaftigkeit zu
reklamieren und sich ansonsten für das eigene versauer-
te Leben schadlos zu halten, indem man auch anderen
ihr Leben versauert. Doch der Schmerz über das Entgan-
gene bleibt stets im untergründigen Neid präsent, bei
Tante Nolte wie bei Mamsell Schmöle, die ihr Dienstmäd-
chen Rieke nachts durchs Schlüsselloch belauert: »Und
ob sie auch in Frieden ruht / Und daß ihr ja nicht wer was
tut, / Was sich nun einmal nicht gehört, / Was gottlos und
beneidenswert.« (2, 503)

Wie bei ›Max und Moritz‹ Buben und Biedere zusam-
mengehören, so sind in der ›Helene‹ die »Tugendhaften«

und die »Lasterhaften« nur zwei Seiten derselben Medaille. Werden doch Boshaftigkeit, Mißgunst, Häme und vor allem untergründige Wut von der Entsagungsmoral förmlich herangezüchtet – alles Eigenschaften, die typisch für Buschs Figuren sind. Die Frömmler dünken sich erhaben und unterscheiden sich doch nur dahingehend, daß zum eh schon unerfreulichen Befund noch die Heuchelei hinzutritt.

Natürlich prallen die Mahnungen von Onkel und Tante an Helene ab. Sie verübt ihre eher harmlosen Streiche, legt kurze, periodisch wiederkehrende Reueattacken (»Helene denkt: Dies will ich nun / Auch ganz gewiß nicht wieder tun.«) ein und macht ansonsten weiter wie gehabt. So nimmt das Unglück seinen Lauf.

Helene heiratet den Unternehmer Schmöck, einen korpulenten Mißgriff auf zwei zu kurzen Beinen, der sich eher für Essen und Trinken als für seine Frau interessiert. Als die Nachkommenschaft ausbleibt, soll eine Wallfahrt in Begleitung von Vetter Franz (genannt der heilige) Abhilfe schaffen. Wer auch immer für Abhilfe sorgte, jedenfalls läßt es sich Vetter Franz nicht nehmen, neun Monate

Ach der Tugend schöne Werke, Gerne möcht ich sie erwischen, Doch ich merke, doch ich merke, Immer kommt mir was dazwischen. (2, 505)

»Es gibt Moralen, welche ihren Urheber vor andern rechtfertigen sollen; andre Moralen sollen ihn beruhigen und mit sich zufrieden stimmen; mit andern will er sich selbst ans Kreuz schlagen und demütigen; mit andern will er Rache üben, mit andern sich verstecken, mit andern sich verklären und hinaus, in die Höhe und Ferne setzen; diese Moral dient ihrem Urheber, um zu vergessen, jene, um sich oder etwas von sich vergessen zu machen; mancher Moralist möchte an der Menschheit Macht und schöpferische Laune ausüben; manch andrer, vielleicht gerade auch Kant, gibt mit seiner Moral zu verstehn: ›was an mir achtbar ist, das ist, daß ich gehorchen kann – und bei euch soll es nicht anders stehn als bei mir‹ – kurz, die Moralen sind auch nur eine *Zeichensprache der Affekte.*«

Friedrich Nietzsche: Zur Naturgeschichte der Moral (2, 645).

»Drum töne zwiefach Preis und Ehr!
Herr Schmöck, ich gratuliere sehr!« (2, 272)

später persönlich seine Glückwünsche zu überbringen und die göttliche Fügung zu preisen.

Nachdem es beide Herren beim Ausüben ihrer jeweiligen Leidenschaft – Schmöck beim Mittagessen, den heiligen Franz beim Verführen des Dienstmädchens – dahingerafft hat, beginnt auch für Helene das Finale.

»Es ist ein Brauch von alters her: / Wer Sorgen hat, hat auch Likör!«, so die schon sprichwörtlich gewordenen Zeilen, die Helenes letzten Kampf zwischen Tugend und Laster einläuten, bei dem einmal wieder das Laster obsiegt. Helene, die zwischenzeitlich das Fläschlein Likör intus hat, wird von der umfallenden Petroleumlampe in Flammen gesetzt. Ihre Seele fährt schnurstracks hinab

»Nein!« – ruft Helene – »Aber nun / Will ich's auch ganz – und ganz – und ganz – / Und ganz gewiß nicht wieder tun!«
Rechts: Ausschnitt Bilderhandschrift 1871

Hier sieht man ihre Trümmer rauchen. / Der Rest ist nicht mehr zu gebrauchen.
Rechts: Ausschnitt Bilderhandschrift 1871

in den großen Höllenkessel, wo bereits der heilige Franz schmort. All dies war nicht anders zu erwarten, denn traditionell wird mit Höllendrohungen zur Tugend ermuntert, weswegen dieses Element in Buschs Parodie auch nicht fehlen darf.

Nach diesem fatalen Ende hat Onkel Nolte (»Ich hab's gleich gesagt!«; 2, 292) seinen großen Auftritt und bringt die ganze Angelegenheit auf den moralischen Punkt.

In den berühmten Zeilen wurde »Tiefsinn, der alle gültige Philosophie verblassen läßt«, erkannt, ja »(a)lle philosophischen Schmöker sind hier in zwei Zeilen beschämt« (Oskar Maria Graf u. Ludwig Thoma, BG II, 1138). Kein deutscher Zitatenschatz, in dem dieser Spruch fehlt. Ja, von hier aus nimmt er seinen Weg in Reden zu allen möglichen und unmöglichen Gegenständen, um sie in Sachen tiefgründiger Lebensweisheit aufzupeppen. »Wer diese sentenziösen Verse als Weisheit auslegt, müßte auch den, der sie ausspricht, als Weisen anerkennen.« (128), gibt allerdings Joseph Kraus zu bedenken.

»Das Gute – dieser Satz steht fest –
Ist stets das Böse, was man läßt!«

In der Tat spricht kein Philosoph, sondern Onkel Nolte, der als Oberspießer und Apostel der Entsagungsmoral ein Jammertal der Freudlosigkeit verkündet. Entsprechend jämmerlich fällt seine Definition des Guten aus, das er allein über die Unterlassung des Bösen bestimmt. Schließlich neigt für ihn (und die Tradition christlichen Denkens, in der er steht) der Mensch von Natur aus zum Bösen und muß daher so lange gedeckelt werden, bis letztendlich das »Gute« zutage tritt … in Form von Frömmelei, Untertanenmentalität und aggressivem Spießertum, das sich bei nächstbester Gelegenheit bevorzugt am Schwächeren schadlos halten wird.

Für seine trostlose Definition des Guten hätte Onkel Nolte eigentlich eine nächtliche Szene mit brennender Kerze und anschließendem Mützenzipfelmalheur verdient (vgl. S. 91). Sein Zeichner läßt ihn jedoch – jedenfalls an dieser Stelle – unbehelligt weiterschwadronieren

»Ei ja! – da bin ich wirklich froh!
Denn, Gott sei Dank!
Ich bin nicht so!!« (2, 293)

und prompt kommt Onkel Nolte auch auf den Punkt, um den es ihm eigentlich geht.

»In der Totalerscheinung gefällt mir die Helene sehr gut, und beßer, als irgend ein anderes Opusculum von mir; so daß ich dem Verleger meine gebührende Anerkennung nicht versagen kann.« (B 1, 76), so Busch am 1. Juni 1872 an Bassermann. Der wird sich gewundert haben, denn eigentlich hat Busch immer etwas auszusetzen, ganz zu schweigen davon, daß er die eigenen Werke eigentlich nicht leiden mag. Und so sind die Worte über seine ›Helene‹ erstaunlich, ja, wenn man es recht bedenkt: für Buschsche Verhältnisse sind sie fast eine Liebeserklärung.

»(U)nd eben dies macht uns ein Hauptvergnügen,
Wenn Biederleute, die allhier auf Erden
Geruhig leben, recht gehudelt werden,
Daß sie vor Ärger fast die Kränke kriegen.« (SW III, 353)
– heißt es im Gedicht ›An Helene‹, das Busch im Jahr 1907 für die Festtagsausgabe der ›Helene‹ zu seinem 75. Geburtstag schreibt.

Auch Onkel und Tante Nolte werden »gehudelt« und zwar von einem Frosch, der ihnen beim Frühstück einen überraschenden Besuch abstattet. Die Noltes können sich also nicht beklagen, denn Biederleuten ist in den Werken Buschs schon weitaus Schlimmeres widerfahren.

Exkurs: Klickeradoms!

Zu den Mitbewohnern im Haushalt Nolte gehört Kater Munzel, der einen folgenreichen Sprung auf das Kaminsims wagt …

> Ach, – Die Venus ist perdü –
> Klickeradoms! – von Medici! (2, 247)

Klickeradoms! – man liest nicht nur, was geschieht, sondern nimmt akustisch am fatalen Vorfall teil. Die ins Trudeln geratene Göttin der Liebe touchiert noch leicht »Klickera-« Wand und Sims … ein kurzes Hoffen und Bangen … vergeblich, da nun das finale »doms« sowohl das Ende aller Hoffnung als auch des antiken Kunstwerkes (Gott sei Dank nur in der Nippesversion!) beschreibt.

Derlei Worte nennt man Onomatopöien, also lautmalerische Begriffe, die akustische Eindrücke wie Laute und Klänge mit sprachlichen Mitteln wiedergeben. Die kompliziert klingende Wortart ist also in Wahrheit eine vergnügliche Angelegenheit, ja für Busch ist sie ein willkommenes Terrain zur Entfaltung von Wortwitz und sprachlicher Kreativität. Das ist auch nötig, denn gerade setzt der unbelehrbare Kater Munzel zum nächsten Sprung, diesmal vom Sims auf den Kronleuchter, an.

Am bekanntesten sind die Onomatopöien aus ›Max und Moritz‹: »Schnupdiwup!« (1, 352) werden die gebratenen Hühner mit der Angel durch den Kamin entführt,

»Und da geht es Klingelingelings!
Unten liegt das teure Dings.«
(2, 248).

Eine Herausforderung der besonderen Art sind die Übersetzungen von Buschs Onmatopöien. Aus »Rums!« wird im Englischen krroom!, Französischen boum!, Spanischen cataplum!, Italienischen bbumm! Aus »Ritze-Ratze!« wird im Englischen reeker-rawker. Die Übersetzer in die romanischen Sprachen müssen hier passen, da (Görlach 29) die lautmalende Übertragung weit schwieriger ist.

»kritze kratze!« (1, 371) krabbeln die Käfer auf Onkel Fritzens Bettdecke heran.

»Ritzeratze!« sägen Max und Moritz »voller Tücke, / In die Brücke eine Lücke« (1, 356) – das imitierte Sägegeräusch kommt einer Art lautmalenden Vertonung des Bildes gleich.

In ›Die Kirmes‹ packt Busch offenbar der onomatopoetische Übermut ...

Tihumtata humtata humtatata!
Zupptrudiritirallala rallalala!
's ist doch ein himmlisches Vergnügen (2, 468)

... eine Sequenz, fast schon zum Mitsingen.

Bei Aujau – Bums – Chrr-Chrr – Düdellit – Fiwitz – Gnatsch – Habschüh – Juchhe – Knatteradoms – Lirum-Larum – Mauwau – Nipp nipp – Oha – Perdatsch – Quarks dreckeckeck – Rumbumklackerackplimpink – Schnupdiwup – Traromm – Uhuu – Wuppheidi und Zupp (BG III, 1814 ff.) mag sich trotz dröhnendem Kopf die Erinnerung an das im Vergleich doch eher schlichte Geschnatter einer berühmten amerikanischen Ente einstellen. Und in der Tat, der Altmeister der Onomatopöien erweist sich auch hier als ein Vater des Comics.

10. Kapitel
Produktive Jahre

Die siebziger Jahre des 19. Jahrhunderts sind die schöpferische Hochphase des Bildergeschichtenzeichners. Neben den Werken aus der Kulturkampfzeit erscheinen der ›Geburtstag oder die Partikularisten‹ (1873), ›Dideldum!‹ (1874), die ›Knopp‹-Trilogie (ab 1875), ›Die Haarbeutel‹ (1878) und ein Jahr später ›Fipps der Affe‹.

Busch hätte eigentlich allen Grund gehabt, sich am Erfolg zu freuen, doch sein Verhältnis zu den Bildergeschichten, die er despektierlich »Schosen« zu nennen pflegt, ist problematisch. »Ich betrachte meine Sachen einfach als das was sie sind, als Nürnberger Tand, als Schnurrpfeifereien, deren Werth nicht in ihrem künstlerischen Gehalt, sondern in der Nachfrage des Publikums zu suchen ist« (B 1, 26), schreibt er an seinen Verleger Bassermann. Die Bildergeschichten als rein kommerzielles

Selbstbildnis in holländischer Tracht (um 1871), in dem Buschs Verehrung für die alten holländischen Meister zum Ausdruck kommt.

»Haarbüdel« ist ein plattdeutscher Ausdruck für Betrunkene. Der Begriff leitet sich vom Haarbeutel ab, den in der Perückenzeit Männer um ihren Zopf trugen und an dessen Wippen der schwankende Gang leicht ablesbar war. Dem Titel entsprechend handeln die in diesem Band zusammengestellten kurzen Bildergeschichten vom Alkohol und seinen Folgen: ein humoristischer Evergreen aus der eher unteren Schublade. Busch hat das Thema mit allem, was dazugehört (Hoch-die-Tassen in gemütlicher Runde, nächtliches Getorkel, keifende Ehefrau, morgendlicher Kater) bis zum Überdruß behandelt.

Produkt ohne allen künstlerischen Anspruch? Das klingt nach einer pragmatischen Haltung, was nicht unzutreffend, aber doch nur die Hälfte der Wahrheit ist.

»Freiexemplare hat er fast gar keine bezogen – ein bezeichnender Kontrast zu Autoren, die nicht genug verschenken können«, so die Beobachtung Bassermanns (WBJb 1978, 18), die gut zur Schilderung von Buschs Neffen paßt: »Über das, was er arbeitete, sagte er nie ein Wort zu uns. Wir sahen das Ergebnis später in den Schaufenstern der Buchläden und kauften uns, wenn wir gerade so viel Geld hatten, des Onkel neuestes Buch (…) Als mein Bruder Adolf als Student ihn um ein broschiertes Exemplar von ›Julchen‹ gebeten hatte, das zufällig in seinem Zimmer liegen geblieben war, hatte er es ihm gegeben, aber mit der Bemerkung: ›Du hättest auch was Besseres zu tun, als so dummes Zeug unter die Nase zu nehmen.‹ (N 150) Störend war es ihm, auf seine Sachen angeredet zu werden.« In die gleiche Richtung weist Buschs Reaktion während einer Zugfahrt. Im selben Waggon, in dem er saß, wurde aus den ›Abenteuern eines Junggesellen‹ vorgelesen: »Es war mir sehr peinlich und ekelhaft; ich that, als wenn ich schliefe.« (B 1, 161) Offensichtlich war Buschs Verhältnis zu seinen Konturwesen bisweilen mehr als zwiespältig. Es gab Zeiten, da er sich ihrer schämte.

Fanpost

Unter Buschs Briefen finden sich Antworten an Bittsteller und Autographensammler, denn Busch erhielt Fanpost und Autogrammwünsche: »Also: Kribbelkrabbelkritze, / Mit der Gänsefederspitze« (B 2,302). So korrespondiert er mit einem Verein namens »Krökelorden« (genannt nach dem trinkfesten Asketen Krökel), dessen Mitglieder sich nach den Figuren Buschs nannten, ja, ein Kegelklub deutscher Junglehrer darf sich sogar über ein gereimtes Grußwort freuen.

Dem Kegelklub am Okerstrand
Der »Max und Moritz« sich genannt
Ruft Einer, der auf solcher Bahn,
Auch manchen Schluck und Schub gethan,
Sich aber längst gesetzt zur Ruh,
Ein recht vergnügtes Prosit zu. (B 2, 308)

Unter die Kategorie Gemütlichkeit in lustiger, also alkoholisierter
Herrenrunde fallen auch die »Eisenacher Giftbrüder«. »Ihrem
hochverehrten Meister Wilhelm Busch« schenken sie ein eigens für
ihn angefertigtes Trinkglas. Auf einer Seite befindet sich ein Schädel
mit gekreuzten Weinflaschen, auf der anderen Seite ein Spruch frei
nach Onkel Nolte:

Das Schlimmste, dieser Satz steht fest,
Ist, wenn man's Trinken unterläßt.

Selbst noch diesen tätigen Angriff auf den guten Geschmack nimmt
Busch nicht nur hin, sondern goutiert ihn mit einigen launigen Zeilen. Dort als Kegelbruder, hier als Mitzecher, Busch antwortet als
einer, der dazugehört, und versichert den »Giftbrüdern«, daß auch
er in jungen Jahren so »manchen tiefen Zug« genommen.

Von den Thaten, wohlvollbrungen,
Liebt das Alter auszuruhn,
Und nun ist es an den Jungen,
Gleichfalls ihre Pflicht zu thun. (B 2, 307)

Nicht anders als das Verhältnis zu seinen Bildergeschichten, die er
nicht schätzt, aber doch publiziert, ist auch Buschs Verhältnis zu seinen Verehrern doppelgesichtig. Bisweilen läßt er sich auf ihre Erwartungen ein, bisweilen wird ihm angesichts des schenkelklopfen-
den Frohsinns Marke Prosit, den er verabscheut, zugleich aber auch
bedient, schwarz vor Augen. Letzteres kann man ihm nicht verdenken.

Isidore Kaulbach, die Schwester des Malers Friedrich August von Kaulbach, berichtet, daß Busch, als sie vor ihm einige Verse aus den Bildergeschichten zitierte, verstimmt reagierte: »Lesen Sie meine ›Kritik des Herzens‹; darin lernen Sie mich kennen, nicht in den anderen Sachen.« (WBJb 1969, 17)

Für Busch ist daher in den siebziger Jahren eine andere Veröffentlichung als die der Bildergeschichten von besonderer Bedeutung. Im Jahr 1874 erscheint sein Gedichtband ›Kritik des Herzens‹ – ein Versuch, sich vom Bildergeschichten-Image zu lösen. Es handelt sich also um ein ambitioniertes Unternehmen, wie auch der anspruchsvolle Titel, der sich an Kants ›Kritik der reinen Vernunft‹ anlehnt, verrät.

Busch, der verhinderte ernsthafte Maler, der nun als ernsthafter Dichter an die Öffentlichkeit tritt, muß eine herbe Enttäuschung erleben. Der Band mit achtzig Gedichten wird überwiegend negativ aufgenommen.

Busch schreibt in einem Brief an Maria Anderson, er habe in seinen Gedichten versucht, »möglichst schlicht und bummlig die Wahrheit zu sagen« (B 1, 129). Dieser eher nüchtern-beiläufige Ton widerspricht dem Geschmack der Epoche, der entweder zum heldischen Pathos oder zur gefühligen Idylle neigt. Auch wird ihm die satirische Zeitkritik, insbesondere sein Spott über verlogene Moralvorstellungen, verübelt. Dennoch gründet der mangelnde Erfolg nicht allein im unverständigen Publikum, sondern in Buschs Gedichten selbst, unter denen sich Highlights, aber auch Tiefpunkte finden. Dort, wo diese Lyrik gelingt, ist sie an Heinrich Heine und der Spätromantik orientiert, »ohne diese Vorbilder im entferntesten zu erreichen« (Bonati, WBJb 1983, 47).

Hat der Mißerfolg Busch geschmerzt? Gerade weil es so gewesen sein muß, verliert er – es wird niemanden mehr überraschen – hierüber kein Wort. Im Grunde ver-

---

Dreißig Jahre nach dem ersten Gedichtband erscheint 1904 ›Zu guter Letzt‹ mit hundert ausgewählten Gedichten. Die übriggebliebenen Gedichte sowie diejenigen, die Busch nach 1904 verfaßte, wurden auf seinen Wunsch im Jahr 1909 posthum unter dem Titel ›Schein und Sein‹ veröffentlicht.

hält es sich so, daß sich hier jemand als Künstler zu profilieren sucht, der bereits ein Künstler ist, sich allerdings aus Mangel an Wertschätzung für sein Werk nicht als solcher begreifen kann. Dies gründet auch in dem Umstand, daß sich Busch mit seinen Bildergeschichten in der »traditionell rangniedrigsten Bildgattung« (Holsten, 12) betätigt, die eben nicht zur »hohen Kunst« gezählt wird. Das denken die Zeitgenosssen, das denkt auch Busch, ein Mann, der nicht das Selbstbewußtsein zum Pionier hat und dennoch einer ist.

Insbesondere in den »Schosen«, also den ungeliebten Bildergeschichten, verwirklicht sich Buschs Doppelbegabung in Bild und Wort und nicht zuletzt auch im kunstvollen Wechselspiel der Komponenten. Hier der treffende Strich mit spitzer Feder, dort der geschliffen prägnante Vers: Wie der Zeichner, so ist auch der Dichter ein Meister der Reduktion.

Seine Zweizeiler besitzen die Qualität von geflügelten Worten, ja sprichwörtlichen Charakter. Busch versteht sich darauf, das Komplizierte schlicht auszudrücken … und das Schlichte kompliziert: »Stets findet Überraschung statt / Da, wo man's nicht erwartet hat« (4, 356). Zahllos seine Verdrehungen, Überspitzungen und Doppeldeutigkeiten, die fast beiläufig wirken, allerdings »präzis bis in die Überraschungen der Reime und ihre parodoxale Ironie berechnete Wirkungen« (Martini, 359) erzielen.

»Hinsichtlich seiner Verse hat Busch – nach einem Ohrenzeugenbericht Hermann Nöldekes – die Annahme, sie ›seien ihm nur so zugefallen‹, mit den Worten von sich gewiesen: ›Aber erlauben Sie mal, diese Dinge sind mit großem Fleiß erdacht und sorgsam gefeilt.‹ Hinter einem Satze wie: ›Das Gute, dieser Satz steht fest, ist stets das Böse, was man läßt‹, steckt viel Überlegung und Arbeit.‹ – So gefeilt aber die Erarbeitung in Text und Bild auch sein mag, so mühelos erscheint das Ergebnis«.   *Hans Ries* (1998, 28)

Vor allem anderen ist Busch als Dichter ein Meister der sprachlichen Kreativität. Zahllose Onomatopöien (vgl. S. 111 f.) hat er ersonnen und entfaltet seinen Einfallsreichtum nicht minder bei den Eigennamen, die inhaltlich oder klanglich auf das betreffende Konturwesen einstimmen. So wird der Leser bei Studiosus Döppe keinen Heroen des Geistes erwarten, bei den Sauerbrots keine unbeschwerten Frohnaturen, beim Junggesellen Knopp keinen Hungerhaken, beim Asketen Krökel keinen theologischen Feingeist und bei Förster Knarrtje keine elegante männliche Erscheinung, für die schon eher der Herr von Gnatzel (vgl. S. 35) in Betracht kommt.

Kreativ sind auch Buschs Wortneuschöpfungen. So verdankt ihm die deutsche Sprache das »Kaumvorhandenseinsgefühl« und auch die »Jungfernbundesfahnenstange«, ein wahres Kleinod des deutschen Wortschatzes, das für jedes Jungfernvereinsstatut unverzichtbar ist. Nicht unerwähnt darf an dieser Stelle das »Kringelschwänzelquikethierchen« (B 1, 141) bleiben, auch wenn es sich gleichsam außer Konkurrenz nicht in Buschs Werken, sondern in einem seiner Briefe tummelt. Kreuzt man das Bekleidungsstück mit dem Beinkleid, entsteht das »Beinbekleidungsstück«. Dessen Komik erschließt sich in vollem Umfang erst im Verhältnis Text/Bild, denn der schöne Begriff bezieht sich auf Knopps unschöne Hose, die dem zur Fülle neigenden Gesäß nur bedingt schmeichelt.

Last but not least bleibt die Kunst des Reimens zu erwähnen. Der Reimzwang als solcher ist bereits ein Garant für die Freisetzung kreativer Energien, hat traditionell allerdings manch lyrische Hervorbringung von unfreiwilliger Komik im Gefolge. Auch Busch reimt kühn …

Gern wendet Frau Doris anitzo den Blick Auf Knopp sein Beinbekleidungsstück (3, 89)

> Ich bin gerade so als wie
> Der Erzbischof von Köllen,
> Er leert sein Gläslein wuppheidi
> Und läßt es wieder völlen. (2, 439)

… und nimmt souverän jede Hürde sowohl in Bezug auf den Wortlaut (»In der Kammer, still und donkel, / Schläft die Tante bei dem Onkel«, 2, 235) als auch auf die Grammatik: »Oh, du Spitz, du Ungetüm!! – / Aber wart! ich komme ihm!!!« (1, 354) Nicht minder furios bindet der Dichter Fremdwörter (»Hermine tanzt wie eine Sylphe. / Ihr Tänzer ist der Forstgehülfe.«, 2, 469) und Eigennamen (»›Horch!‹ ruft voll Sorge Konditer Köck, / ›Was rappelt da zwischen meinem Gebäck?!‹«, 3, 301) ein. Kurzum: Busch ist ein Meister der hohen Kunst des schiefen Reimens, dessen Freude am kreativen Spiel mit Worten und souveräne Sprachbeherrschung unübersehbar ist.

Seit der Auflösung seines Frankfurter Haushaltes im Jahr 1872 lebt Busch in Wiedensahl, zuerst im Elternhaus, dann gemeinsam mit der Familie seiner Schwester Fanny Nöldeke. Im Jahr 1878 stirbt deren Mann, Pastor Hermann Nöldeke. Dessen Sohn Adolf berichtet, daß seine Mutter Fanny auch wegen der Ausbildung der Kinder gerne in die Stadt gezogen wäre. Busch allerdings knüpft sein Bleiben und die Sorge um die Kinder an die Beibehaltung Wiedensahls als Wohnort. Im Jahr 1879 zieht man ins Pfarrwitwenhaus, wo Busch mit seiner Schwester einen gemeinsamen Haushalt führt und an seinen Neffen Hermann, Adolf und Otto Nöldeke Vaterstelle vertritt.

Busch ist in diesen Jahren viel auf Reisen und malt in Lüthorst, Wolfenbüttel sowie in München. Bereits 1873 war er in der Münchner Künstlergesellschaft »Allotria«

Wilhelm Busch: Bildnis Fanny Busch, undatiert, vermutlich um 1870.

Die Münchner Künstlergesellschaft *»Allotria«* wurde 1873 gegründet. Eines ihrer Gründungsmitglieder, der Architekt Lorenz Gedon, hatte für die Pariser Weltausstellung eine künstlerische Ausgestaltung der Münchner Abteilung entworfen. Diese wurde von dem Präsidenten der Künstlergenossenschaft mit folgenden Worten abgelehnt: *Allotria treiben wir nicht!* Nach diesen Worten gaben die Künstler ihrer Vereinigung den Namen Allotria.

zu Gast, wo er sich nun öfter aufhält und wichtige Freundschaften schließt: mit den Malern Franz von Lenbach und Friedrich August von Kaulbach, mit dem Bildhauer und Innenarchitekten Lorenz Gedon, dem Schriftsteller Paul Lindau, später mit dem Wagnerdirigenten Hermann Levi.

Im Oktober 1876 denkt Busch in einem Brief an Franz von Lenbach darüber nach, ob er sich nicht vielleicht zu sehr in die Provinz zurückgezogen hat: »Ich will versuchen, ob nicht eine Mittelstation für mich zu finden ist; denn ganz wird der Schuhu sein Gemäuer wohl nicht verlaßen.« (B 1, 172) Dieser Mittelweg bedeutet, daß er sich ab 1877 in München ein Atelier nimmt, also zwischen Wiedensahl und München pendelt. Es ist ein erneuter Versuch Buschs, als Maler beruflich Fuß zu fassen, und wird sein »letzter Anlauf« (Gmelin 114) sein.

Der 45jährige Wilhelm Busch (1877). Gemälde von Franz von Lenbach.

In München nimmt er am gesellschaftlichen Leben der Künstlergemeinschaft teil, d. h. Mittagstisch bei Lenbach, Abendessen bei Kaulbach, Piloty oder Bassermann, ansonsten trifft man sich im Restaurant des Kunstgewerbehauses, zum Kegeln oder Tarockspielen. »Ich bin immer noch in einem gelinden Dusel. Bälle, Einladungen, maskirte Kneipen wechseln mit einander ab« (B 1, 176), so Busch an Johanna Keßler. Und nicht nur die gesellschaftlichen Verpflichtungen, auch die Arbeiten an den Bildergeschichten wollen bewältigt sein. »Noch Mitte der Siebziger Jahre dachte er an Ausführungen größerer Bilder, die die Welt schließlich doch kennen lernen (…) sollte«, berichtet sein Neffe, aber auch, daß alles in den Anfängen steckenblieb, »nicht weil das Können erlahmte, sondern viel andere Dinge sich dazwischendrängten.« (N 77)

Sind es wirklich nur die äußeren Umstände, die Busch von der Malerei abhalten? Sein Freundeskreis ist in der offiziellen Kunstwelt des späten 19. Jahrhunderts verwurzelt, allen voran Franz von Lenbach. Beide Männer sind gut befreundet, und doch könnte der Gegensatz zwi-

Die Geschichte *Franz von Lenbachs*, eines der berühmtesten Maler seiner Zeit, ist die einer erstaunlichen Karriere: vom Maurergesellen zum Künstlerfürsten. Talent allein reicht für einen solchen Aufstieg nicht. Durchsetzungsvermögen und sicheres Gespür dafür, mit was der »Kunstmarkt« bedient sein will, treten hinzu. So ist Lenbach vor allem der Repräsentant eines offiziellen Kunstgeschmacks, in dem sich der Boom der sogenannten Gründerjahre spiegelt.

Franz von Lenbach mit Frau und Töchtern.

Mit schier unstillbarem Repräsentationsbedürfnis überbieten sich die reich gewordenen Bürger beim Bau ihrer Villen, der Ausstattung ihrer Salons, der Ausrichtung glanzvoller Feste. Das Bürgertum ist zwar politisch zweitrangig, doch in bezug auf Prunk und Luxus nimmt es gesellschaftlich den ersten Rang ein.

Diese großzügig zahlende Klientel macht die Malerei zu einem prosperierenden Gewerbe, jedenfalls für Lenbach, der so reich wird, daß er sich ein Haus im Stil italienischer Renaissancevillen leisten kann. Vor allem wird er durch seine Porträts berühmt, die sich an die Meister der Renaissance und des Barock anlehnen. Der heroische Glanz einer großen Vergangenheit fällt so auf die in diesem Lichte porträtierten Gegenwärtigen. Die Fassade ist klassisch – die Produktion modern. Lenbach setzt photographische Vorlagen und gepauste Vorzeichnungen ein, um die Effektivität in einem Atelier, das einer Art »Malfabrik« (Ranke 59) gleicht, zu erhöhen.

Auf diese Weise hat es Lenbach auf ein Oeuvre gebracht, das er auf 4000 Arbeiten schätzt, darunter etwa achtzig Porträts Bismarcks (vgl. S. 94). Nach dem Geschmack Buschs hätten es gern etwas weniger sein können: »Der Lenbach benutzte ihn auch sehr stark zu seinen Geschäftszwecken; er hat sich aber auch in Bismarcks schön was zurechtgeschmiert. In Frankfurt hängt einer. Na. – Er hätte nur etwas eher damit aufhören sollen.« (N 142) Im Briefwechsel zwischen Busch und Lenbach wird man keine Auseinandersetzung über derlei künstlerische Fragen und schon gar keine Kritik finden, und doch muß das Verhältnis spannungsreicher gewesen sein, als es die glatte Oberfläche vermuten läßt. Im familiären Kreis jedenfalls spricht Busch sogar von der »Geldmalerei« (N 128), und das ist in Bezug auf Lenbach so unberechtigt nicht.

schen dem ernsten, zurückgenommenen Busch und dem glamourösen Modemaler seiner Zeit nicht größer sein. Hinzu tritt, daß Busch »das Getriebe und Gesause der Großstadt« – so Neffe Hermann – abstieß und auch die Großmanns- und Prunksucht seiner Malerfreunde: »Mit dem Steigen ihres Ruhmes gingen ihre Verhältnisse immer mehr ins Große und nahmen ihre Zeit und Kraft völlig in Anspruch. Lenbachs Palast hat er nicht gesehen; er hatte auch gar kein Verlangen danach.« (N 142) Die Freunde sind bei der Einrichtung des Ateliers behilflich, und Busch wird ihnen auch nach seiner Münchner Zeit verbunden bleiben. Dennoch: ob die »Allotria« der passende Rahmen für Busch war, um sich künstlerisch zu entfalten, darf man bezweifeln.

Die Jahre um 1880 sind eine Zeit der körperlichen und auch seelischen Krisen. Was er kann, will er nicht, was er will, kann er nicht. »Mit dem Malen ging es folgendermaßen. Als meine Bekannten davon hörten, hieß es: Thun Sie das doch nicht! Bleiben Sie bei dem, womit Sie uns Allen Pläsir machen!« (B 1, 176) – für Busch, der sich von den Bildergeschichten lösen will, eine niederschmetternde Aussage.

Die Situation erscheint festgefahren und ohne Perspektive. Mit dem noch um 1871 gleichermaßen selbstbewußt wie erwartungsvoll gerichteten Blick in eine malerische Zukunft, die sich an der Tradition der alten Meister orientiert (vgl. S. 113), ist es vorbei.

Aus der holländischen Bürgertracht ist das Bettlergewand geworden. Freilich steht die Person in irritierendem Kontrast zu ihrem Gewand. Nicht Not, sondern Wut ist die bestimmende Botschaft dieser »Innenansicht«, die um so bestürzender wirkt, wenn man sie mit der etwa gleichzeitig von Lenbach gemalten »Außenansicht« (vgl. S. 120) vergleicht.

In seiner Selbstbiographie übergeht Busch diese künstlerische und menschliche Krisenzeit, und auch ansonsten

Selbstbildnis als Bettler, um 1878.

mangelt es an Zeugnissen, die nötig wären, um ein differenziertes Bild zu zeichnen. Die Zwischentöne fehlen ... überliefert hingegen ist der Knall.

Zu Beginn des Jahres 1881 ist Busch depressiv verstimmt, leidet unter Appetit- und Schlaflosigkeit, einem jener Zustände, bei dem es ihm vorkam, »als hätte er den Kopf voll Watte, daß kein lustiger Floh drin hupfen konnte«, (N 129), vielleicht wieder in Verbindung mit den Folgen einer Nikotinvergiftung. Er fährt dennoch von Wiedensahl nach München.

Am 11. April 1881 kommt es zu einem Vorfall, der auf den ersten Blick banal erscheint. Bassermann berichtet, wie Busch betrunken bei einer Vorstellung des Hypnotiseurs Hansen eintrifft. Zuerst zieht er der Schwester Lenbachs, als diese sich setzen will, den Stuhl weg und stört sodann laut pöbelnd die Vorstellung. Alles sei nichts als Schwindel. Auch beim gemeinschaftlichen Essen nach der Vorstellung gibt er keine Ruhe, reißt Bassermann den Käse vom Teller und wirft ihn gegen die Wand.

An der Varietévorstellung eines Hypnotiseurs fasziniert, wie er die Selbstkontrolle des Hypnotisierten außer Kraft setzt. Hat Busch, der zwanghaft kontrolliert wirkt und es gewohnt ist, nichts von seinen Konflikten, Nöten und auch von seiner Wut nach außen dringen zu lassen, dies als solche Bedrohung empfunden, daß er unter Alkoholeinfluß zu randalieren beginnt?

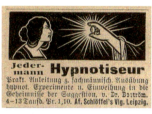

Anzeige aus dem Beiblatt der ›Fliegenden Blätter‹, 9. Nov. 1900.

»B. hat viel getrunken, aber auch viel vertragen. Im Rausch, den ich nur selten miterlebt, konnte er sehr unangenehm, streitsüchtig, sogar brutal werden. So kam er in München berauscht zu einer hypnotischen Vorstellung, die *Hansen* vor auserlesenem Publikum im Kunstgewerbehaus gab. Der sonst so feine Mann Busch benahm sich zum Schrecken der Damen u. Herren herausfordernd, geradezu knotig. Andern Tags reiste er ab u. kam nie mehr nach München.« (WBJb 1978, 10 f.)

Es ist eine illustre Gesellschaft aus wohlsituierten Bürgern und arrivierten Künstlern, bei der es eine Dame auf den Allerwertesten setzt und ein Käse durch die Luft fliegt. Unwillkürlich fühlt man sich an die turbulenten Szenen der Bildergeschichten erinnert. Nur, daß hier keines der Konturmännlein Unruhe stiftet, sondern ein – jedenfalls äußerlich betrachtet – distinguierter, in die Jahre gekommener Herr. Oder warf in Wahrheit ein anderer den Käse, nämlich der Außenseiter und Zukurzgekommene, der seit seinem neunten Lebensjahr um Anerkennung und Zugehörigkeit ringt, immer wieder, und immer wieder vergeblich … also der innere Moritz, der hier mit all seiner Frustration und untergründigen Wut zuschlägt?

Wäre es eine Bildergeschichte gewesen, Klein Moritz hätte die Lacher auf seiner Seite gehabt. Es ist die Wirklichkeit, und der bald fünfzigjährige Busch hat sich bis auf die Knochen blamiert. Anderntags verläßt er München und kehrt nie mehr zurück.

Ein Neffe Buschs berichtet von dessen Ärger über Hypnose-Vorstellungen: »Auch die vor zwanzig Jahren beim Publikum einmal sehr beliebten hypnotischen und spiritistischen Schaustellungen waren ihm deshalb so peinlich und konnten ihn geradezu erbosen, weil hier der Hypnotiseur einzelne aus der Versammlung in der Hypnose, also in einem hilflosen Zustande, Dinge tun ließ, die sie vor allen lächerlich machten.« (N 129)

Wilhelm Busch, Flachlandschaft mit drei Kopfweiden, um 1885, Öl auf Pappe, 18,5 x 25,1 cm.

Wiedensahl 5. Nov. 81.

Liebe Frau Heße!
So ist es leider mit unserer Lebenszeit. Erst trägt sie uns und spielt mit uns und deutet in die Hoffnungsferne; dann geht sie Arm in Arm mit uns und flüstert gar hübsche Dinge; aber so zwischen vierzig und fünfzig, da plötzlich hängt sie sich als Trud auf unsere Schultern, und wir müßen sie tragen. – Auch mir fängt's an ungemüthlich zu werden in dieser Welt; Madam rosa Phantasie empfiehlt sich reisefertig durch die Vorderthür und herein durch die Hinterthür tritt Madam Schwarz. – Ich leide wieder, wie im Frühjahr, an Appetit- und Schlaflosigkeit. Wer die letztere kennt, weiß, was für ein böses, verdrießliches, endloses Chaos einen Menschenkopf beunruhigen kann. Meine alte Philosophie langt nicht mehr aus; ich sehe mich nach einer neuen um. – (B I, 225)

11. Kapitel
Freund Levi und die Juden

Eines der interessantesten Mitglieder des Vereins »Alotria« ist der Dirigent und Musiker Hermann Levi. Er gehört dem Kreis Richard Wagners an und befindet sich als Jude mitten im antisemitischen Umfeld. Levi, ein begnadeter Musiker, der sich selbstlos in den Dienst des Wagnerschen Werkes stellt, soll die Premiere des ›Parsifal‹ dirigieren … womit das angeblich urgermanische und zutiefst christliche Bühnenweihfestspiel einen jüdischen Dirigenten hätte. Da die Ideologie richtig sein muß, ist eben der Mensch falsch, der unverzichtbare Levi soll sich also – so Wagner nach dem Bericht seiner Frau Cosima – taufen lassen, um den ›Parsifal‹ dirigieren zu können.

Levi ist ein unglücklicher und zerrissener Mensch, der einerseits seinen greisen Vater, den Rabbiner von Gießen, nicht kränken möchte, andererseits Wagner tief verbunden ist und ernstlich an eine Konversion denkt, ja sich sogar zu antijüdischen Äußerungen hinreißen läßt. Levi bleibt ungetauft und dirigiert dennoch am 26. Juli 1882 die Premiere des ›Parsifal‹: ein rauschender Erfolg, der Name des Dirigenten allerdings bleibt auf dem Programmzettel unerwähnt.

Für Busch ist Levi vor allem ein guter Freund, mit dem er in außergewöhnlich herzlichem Ton verkehrt: »Jedenfalls freu ich mich und bin dir dankbar, wenn du mir so gut bist, wie ich dir« (B 1, 265). Wichtige Briefe Buschs sind an Levi gerichtet, so wenn er ihm im Jahr 1880 seine Sinn-

Busch und Levi, Wolfenbüttel 1881.

krise als eine Art »philosophische Erkältung« (B 1, 125) schildert oder aber in einem nachdenklichen Schreiben über Vergänglichkeit reflektiert (B 1, 260).

Levi macht Busch mit Richard Wagner bekannt und versucht den Freund immer wieder seinem Eremitendasein zu entwinden. Was er Busch zu sagen hatte, ist verloren, denn Busch hat auch diese Briefe vernichtet. Allein ein Brief blieb erhalten, in dem Levi bekennt, daß »ich eine Art von – Schüchternheit – Dir gegenüber nie ganz zu überwinden vermag« (Kraus 92). Bei aller freundschaftlichen Nähe bleibt doch eine gewisse Distanz – vielleicht eine Art Sicherheitsabstand, den Levi einhält, und der scheint so unberechtigt nicht.

Im trauten Wolfenbütteler Familienkreis jedenfalls trägt die Levi quälende Frage nach der Konversion eher zur allgemeinen Erheiterung bei. Busch berichtet an Margarethe Fehlow, wie sich Bruder Gustav und Schwägerin Alwine durch den Kanarienvogel spontan an den Wagnerdirigenten erinnert fühlten: »Onkel Gustav hat ihn mit der Blumenspritze getauft und Tante Alwine hat ihn ›Levi‹ genannt« (B 1, 228).

Wie war Buschs Verhältnis zu den Juden? Man kann seine jüdischen Freunde (auch Paul Lindau war Jude) an-

Wilhelm Busch (links) mit seinem Bruder Gustav, dessen Frau Alwine und Margarethe Fehlow.

»Der gelegentlich durchbrechende Haß (Levis) auf alles Jüdische, die diffusen, unverständlichen Reaktionen in diesem Punkte sind nur erklärlich aus dem verzweifelten Ringen, eine vermeintliche Kluft zu überwinden: ein oft hilfloses Pendeln zwischen der Verpflichtung gegenüber seinen orthodoxen Rabbiner-Ahnen und der Anpassung an eine christlich-bürgerliche Umwelt.

Vor allem die in den achtziger Jahren neu aufbrechenden antijüdischen Hetzen, die sich jetzt auch gegen getaufte Juden richteten, verwundeten ihn tief. Hier mußte ihm klar werden, daß er selbst nach einer Taufe für viele seiner Umwelt der Jude Levi bleiben würde.« *Frithjof Haas, Zwischen Brahms und Wagner, S. 367*

führen, doch dies ist kein Garant für eine freundliche Haltung. Selbst erklärte Antisemiten hatten jüdische Freunde – als angebliche Ausnahme von der Regel, weswegen man die Vorurteile beibehalten und sich zugleich an der eigenen »Großmut« freuen konnte.

Die Bewertung der Art und Weise, wie sich Busch über Juden geäußert bzw. sie dargestellt hat, ist in der Forschung umstritten, so auch die oft zitierte Stelle aus der Eingangssequenz der ›Frommen Helene‹.

Und der Jud mit krummer Ferse,
Krummer Nas' und krummer Hos'
Schlängelt sich zur hohen Börse
Tiefverderbt und seelenlos. (2, 204)

Die Verse werden vom »frommen Sänger« im Rahmen einer ironischen Klage über die allgemeine Sittenverderbnis gesprochen. Sind sie also als Kritik an einer antisemitischen Haltung gemeint, und wenn dem so ist, sind sie auch tatsächlich so verstanden worden? Auch Buschs Genre und Publikum ist bei der Beurteilung mit einzubeziehen, und das stellt keine philologischen Studien an.

Busch nimmt mit dem seelenlosen Juden, der an der Börse spekuliert, auf ein zu diesen Zeiten geläufiges Vorurteil Bezug. Im gewaltigen Modernisierungsschub der

---

Busch hat auch die Raffgier von Christen kritisiert, was gern als Argument gegen eine Bewertung von derlei Textstellen als antisemitisch angeführt wird. Und in der Tat ist ein Text über die Raffgier eines Christen ebensowenig antichristlich wie ein Text über die Raffgier eines Juden antisemitisch ist. Vorurteile und Ressentiments kennzeichnet vielmehr, daß die vielschichtige Realität auf Klischees reduziert wird. Antisemitisch ist also die stereotype Kopplung der Eigenschaft »Raffgier« an das Bild vom Juden, und dies liegt bei Busch vor.

Kaiserzeit gehörten die Juden – einst eine devote Minderheit – zu den wirtschaftlichen Gewinnern. Dies förderte Neid und Feindseligkeit und hatte Anteil am Umbruch der alten, religiös motivierten Judenfeindschaft hin zum modernen Antisemitismus. Eines von dessen Versatzstücken ist, daß sich Kapitalismuskritik mit Judenfeindlichkeit verband. »Die Scheuslichkeit aller Dinge wird nachgerade unerträglich! Unbehindert und emsig vermehren sich die Juden und ihre Gelder« (B 2, 284), schreibt Busch an Franz von Lenbach. Eben diese für den modernen Antisemitismus charakteristische Identifizierung von Judentum und Kapitalismus findet sich in mehreren Äußerungen Buschs, die durchaus nicht satirisch gemeint sind.

»Das Geschäft steht in Blüte; der Israelit gleichfalls. (…) Schlau ist er, wie nur was, und wo's was zu verdienen gibt, da läßt er nichts aus, bis ›die Seel‹ im Kasten springt. (4, 177) … Nicht weit davon in seiner Butike saß der

---

»Die *Antisemiten* revitalisierten überlieferte antijüdische Vorurteile und formten sie modern um. Die Juden galten ihnen als Protagonisten des modernen Kapitalismus, der Geldmacht und der Marktkonkurrenz, als Zerstörer des Mittelstandes und der solidarischen Wirtschaftsgesinnungen, galten ihnen als Zerstörer von Traditionen, Zersetzer von Wertordnungen, galten ihnen als Gefahr der nationalen Einheit und des nationalen Charakters, der Identität. Antisemitismus wurde zur Speerspitze eines neuen integralen und antipluralistischen Nationalismus und eines nichtsozialistischen bürgerlichen Antikapitalismus. Für die Antisemiten waren die Juden für die Übel der Zeit weitgehend verantwortlich – sie waren der Sündenbock. Neu war, daß diese Antihaltung sich nicht mehr gegen die Religion richtete, sondern gegen die ethnisch-nationale und dann gegen die sogenannte rassische Identität der Juden. Das war eine neue Blockierung der Wege zur Assimilation oder Symbiose.«
Thomas Nipperdey

schlaue krummnasige ›Wassermann‹ – Juden gibt's doch allerwärts! – und regulierte die ›Waage‹ zu seinen Gunsten. (4, 184) … Ich möchte einen Juden allerdings nicht als Konkurrenten haben.« (SW VII, 449)

Der »fromme Sänger« formuliert schärfer, inhaltlich ist er jedoch dem, was Busch denkt, so fern nicht.

Hier verhält es sich ähnlich wie mit der Definition des Guten (vgl. S. 109), die, da sie dem Spießer Onkel Nolte in den Mund gelegt wird, ironisch zu verstehen ist. Und doch klingt Busch, zumal wenn in seiner Lyrik die ironische Brechung fehlt, bisweilen wie Onkel Nolte selbst. Allemal trifft man auf dieselbe Doppelgesichtigkeit eines Autors, der ein Spießbürgertum satirisch darstellt, dessen Werte er vielfach teilt, der ein Denken ironisiert, das über weite Strecken das seine ist. Wo endet die persönliche Überzeugung, wo fängt die Satire an? Die Grenzen verschwimmen, zumal bei Busch, dem die Ironisierung nicht nur literarisches Mittel, sondern Lebenshaltung ist, hinter der sich die Person versteckt. Sicher ist: getrennt hat er sich von dieser geliebt-ungeliebten spießbürgerlichen Welt nie, weswegen auch seine Bespöttelungen keine wirklichen Distanzierungen darstellen. Entsprechend doppelsinnig sind seine Verse, die dann von denjenigen, die nicht Buschs Format, d. h. nicht sein brüchig-ambiva-

---

Ludwig W. Kahn widmet dem Thema den Aufsatz ›Der Doppelsinn der Aussagen bei Wilhelm Busch‹ und folgert hieraus: »Es ist Buschs schwere Aufgabe gewesen, daß er zu dieser geschichtlichen Stunde der satirische Kritiker einer sozialen Ordnung und Lebensform werden mußte, die er ideologisch als seine eigene gesehen und gefühlt hat.« (WBJb 1972, 25) Ebenso äußert sich auch Gert Ueding: »Das Angegriffene und Verworfene ist auch zugleich das Unbewältigte, Verfängliche und Anziehende; das, wovon die Satire befreien soll, ist zugleich das, wovon der Dichter sich nicht befreien kann.« (1977, 211 f.)

Der stramm nationalsozialistisch gesinnte Autor Karl Anlauf (138 ff.) deutet eine hebräische Max-und-Moritziade als jüdischen Anschlag auf den deutschen Humor. Der Autor liefert sogleich auch die Begründung. Dies sei als Rache für Buschs Stellung zum Judentum geschehen, die Anlauf mit der Sequenz aus ›Plisch und Plum‹ und der Vorrede zur ›Helene‹ belegt. Vom »frommen Sänger« ist selbstverständlich keine Rede mehr.

lentes Verhältnis zu dieser Welt und ihren Werten haben, vereindeutigt werden. Onkel Nolte wird fortan als Lebensweisheit zitiert und der »tiefverderbte« Börsenjude Bestandteil des Waffenarsenals antisemitischer Hetzer.

In ›Plisch und Plum‹ spricht allerdings kein »frommer Sänger«, und auch die sachte Ironisierung (»Schöner ist doch unsereiner!«) ändert nichts an der Tatsache, daß die Sequenz als Ganzes unter die Kategorie Volksbelustigung fällt.

Kurz die Hose, lang der Rock,
Krumm die Nase und der Stock,
Augen schwarz und Seele grau,
Hut nach hinten, Miene schlau –
So ist Schmulchen Schiefelbeiner.
(Schöner ist doch unsereiner!)

Schmulchen wird im folgenden von den Hunden in den Hosenboden gebissen und entzieht sich einem weiteren Angriff durch eine List.

Sodann nutzt er seinen Schaden, um Papa Fittig (»Zahlt der Herr von Fittig nicht, / Werd ich klagen bei's Gericht!«) ein erkleckliches Sümmchen abzupressen (3, 479 ff.).

Zu Recht wird darauf hingewiesen, daß Busch mit der Gestalt des Schmulchen Schiefelbeiner, die für den modernen Betrachter nur schwer erträglich ist, einem damals – zumal in den ›Fliegenden Blättern‹ – geläufigen Muster der Darstellung von Juden folgt. Peter Dittmar geht davon aus, daß bei Busch alle Zeichen »eher auf ein – gedankenloses? – Übernehmen von Bildformen der zeitgenössischen populären Graphik als auf eine gezielte zeichnerische Diffamierung hindeuten« (WBJb 1987, 35). Dies macht, wie auch Dittmar betont, die Sache nicht besser, denn um der sicheren Lacher willen hat Busch die diskriminierende Darstellung übernommen und sodann – man bedenke Buschs Auflagenhöhe – massenweise verbreitet.

Zum modernen Antisemitismus gehört auch dessen sich zu diesem Zeitpunkt entwickelnde rassistische Be-

---

Die Katastrophe des Dritten Reiches schiebt sich unausweichlich zwischen den heutigen Betrachter und die Epoche Buschs, was die Gefahr von historischen Fehlurteilen beinhaltet. Hiervor warnt auch Hans-Günter Zmarzlik in seinem Aufsatz ›Antisemitismus im Deutschen Kaiserreich‹: »Nun ist Auschwitz für die Nachlebenden ein Menetekel, das zur selbstkritischen Besinnung aufruft. Auschwitz wirkt aber verzerrend, wenn es die Optik der Rückschau bestimmt.« (253)

gründung, etwa durch Wagners Schwiegersohn Houston Stewart Chamberlain. Nach dem Bericht eines Neffen hat Busch nach der Lektüre Chamberlains vermerkt, dieser habe sich »in seine Rassenphantasie hineinverbohrt« (MWBG 1937, 51). Ein anderer Neffe Buschs berichtet von einer nicht ganz so ablehnenden Haltung. »Das reiche Wissen des Verfassers war ihm allerdings unterhaltlicher als dessen immerhin anregende Rassentheorie.« (N 128) Auch die Wahl eines jüdischen Bürgermeisters war Busch nicht recht: »Es fehlt nur, daß sie sich schließlich noch einem Türken verschreiben.« (B 1, 314) Dennoch: Busch war kein Rassist und auch kein dezidierter Judenfeind vom Schlage des Hofpredigers Adolf Stoecker oder des Historikers Heinrich von Treitschke. Juden stellt er eher am Rand seiner Bildergeschichten dar, sie sind weder ein bestimmendes Element seines Werks noch seines Denkens. Hinzuzufügen ist, daß er in der Erzählung ›Eduards Traum‹ die Vorgänge im Haus eines »antisemitischen Bauunternehmers« (4, 178) kritisch schildert und einen weiteren Antisemiten auf dem »spitzigen Blitzableiter der Synagoge« (4, 184) zappeln läßt und ihn somit der Lächerlichkeit preisgibt. Nicht zuletzt sind an dieser Stelle auch Buschs Bilder Lina Weißenborns, eines jüdischen Mädchens aus Lüthorst, zu nennen, die mit zum Schönsten gehören, was er gemalt hat.

War Busch also Antisemit, oder war er doch keiner? Die Antwort auf diese Frage hängt wesentlich davon ab, welche Definition von Antisemitismus man zugrunde legt. »Zu einem Antisemitismus, der den Begriff erfüllt, gehört eine konsequente Judengegnerschaft, ja ein Judenhaß, eine Gesinnung mithin, die auf Herabwürdigung, Diffamierung, Entrechtung, Verfolgung bis zum Pogrom zielt. Davon kann bei Busch nicht im mindesten die Rede sein«, schreibt Hans Ries (BG III, 1106), der eine hohe, allzu hohe Meßlatte anlegt und folglich Busch entlastet. Hilfreicher ist die Unterscheidung von Peter Gay zwischen

Sitzendes Mädchen, frontal (Lina Weißenborn).

Antisemiten aus Prinzip und solchen, die er »oberfläch-
liche und sporadische Antisemiten« (217) nennt und denen er Busch zuzählt. Bei letzteren handelt es sich um
den gesellschaftlichen Normalfall, der über Jahrhunderte
hinweg tradierte Ressentiments eher untergründig in
sich trägt, sie also nicht ideologisch untermauert, aber
auch nicht kritisch reflektiert. Vor allem zeichnet sich
dieser Typus durch mangelndes Problembewußtsein aus,
weswegen es z. B. möglich ist, mit dem Dirigenten Levi
befreundet zu sein und im Familienkreis zur allgemeinen
Hebung der Laune den Kanarienvogel Levi zu taufen.
Hier rächt sich der angeblich unpolitische Pessimismus,
der sich mit konkreten gesellschaftlichen Fragen nicht
weiter abgibt. Die Schlechtigkeit der Welt an sich ist eben
schnell beklagt, sich dem konkreten Mißstand zu stellen
und ihm gegebenenfalls entgegenzutreten, ist hingegen
mühsam und wird daher nur allzugern unterlassen.

»Unlängst hörte ich sagen, Busch sei ein arger Antisemit gewesen. Das stimmt nicht. Natürlich war er es ein
klein bißchen, wie in seiner Zeit alle Deutschen, und alle
Franzosen auch«, so Golo Mann in unglücklicher Formulierung (WBJb 1982, 15). Ist es doch eine unzulässige Ver-
einfachung, wenn aus zweifelsfrei vielen unter der Hand
alle werden. Es gab auch liberale und sozialdemokratische
Politiker, die widersprachen, und einen 1891 gegründeten »Verein zur Abwehr des Antisemitismus« mit 13 000
Mitgliedern – honorige Bürger von zumeist linksliberaler
Gesinnung –, bei denen offenkundig die Einsicht bestand,
daß hier etwas abgewehrt werden müsse. Antisemitisches
Denken war also kein unentrinnbares Schicksal. Und gerade auch das »bißchen« Antisemitismus ist bei weitem
mehr als eine Bagatelle. Handelt es sich doch um eine Art
dumpf-unreflektierter Gemütslage, latent vorhanden und
untergründig rumorend, die jederzeit virulent werden
kann: mit mehr oder minder gravierenden Folgen. Allemal ist sie gut für den sicheren Lacher auf Kosten einer

Minderheit, sie kann als Erklärungsmodell für Mißliebiges aller Art abgerufen werden und ist für Radaubrüder eine willkommene Gelegenheit, ihre Wut loszuwerden und dabei auf heimliche Duldung oder gar Einverständnis zu hoffen. Derlei Grade sind sehr wohl zu unterscheiden – und doch speist sich alles aus einer gemeinsamen Wurzel. Kurzum: das »Bißchen« ist das entscheidende Bißchen zuviel, da es in seiner Summierung daran Anteil hat, dem, was kommen wird, den Boden zu bereiten.

12. Kapitel
Allerlei Getier

Das Register von »Buschs Tierleben« reicht von A wie Affe – über Blindschleiche, Dromedar, Heuschrecke, Nashorn, Tapir usw. – bis zu Z wie Ziegenbock. Kaum ein Tier, das in diesem Werk nicht kreucht oder fleucht und das nicht nur als putziger Zierat. Das Kätzlein Mienzi mag noch so unschuldig dreinschauen, nachdem sie sich gemeinsam mit ihrem Kumpan Kater Munzel das Wohnzimmer vorgenommen hat, sieht es dort aus, als sei ein Taifun hindurchgefegt, und auch die Venus von Medici (»Klickeradoms!«) geht auf Kosten des sauberen Pärchens. Buschs Tierfiguren jagen und wirbeln von einer Turbulenzszene zur nächsten und tragen quirlige Lebendigkeit in die erstarrte Welt der Bürger. Wie die Kinder treten sie als Ordnungs- und Ruhestörer auf, wie die Kinder sind sie folglich auch Objekte der tätigen Mahnung zu Zucht und Ordnung. Gleich ob Kind oder Tier: Erziehung bedeutet Dressur, weswegen die Knaben Fittig die Erziehungsmaximen, die sie gerade beim Prügelpädagogen Bokelmann (vgl. S. 11) am eigenen Leib erfahren haben, sogleich an Plisch und Plum weitergeben.

Aus: Die Fromme Helene (2, 243)

Aber auch für Plisch und Plum
Nahte sich das Studium und die nötige Dressur,
Ganz wie Bokelmann verfuhr.
(3, 506)

Traditionell werden in der Fabel Tiere zur Exemplifizierung moralischer Fragen herangezogen. Ebenso in Buschs ›Strafe der Faulheit‹ (1866), der Bildergeschichte um Schnick, einen gleichermaßen verfressenen wie bequemen Mops. Da es dem Tier zu allem Überfluß auch noch an Intelligenz mangelt, läßt es sich vom Hundehäscher fangen – zur Verzweiflung des zartbesaiteten Fräulein Ammer, dem nichts als die sterbliche Hülle des geliebten Hundes bleibt (1, 434 ff.).

*Hier steht der ausgestopfte Schnick. –
Wer dick und faul, hat selten Glück.*

Die Moral von der Geschichte (Wer nicht ausgestopft werden will, sollte mäßig essen und fleißig lernen!) ist nur noch bedingt erbaulich. Busch überspitzt und verdreht die Fabel zur Antifabel, so daß die moralisierende Intention unterlaufen und die Lektüre der tendenziell langweiligen Textgattung zu einer vergnüglichen Angelegenheit umfunktioniert wird.

Eine *Fabel* ist eine kurze, lehrhafte Erzählung, in der insbesondere Tiere (aber auch Pflanzen) sich wie Menschen verhalten. Demonstrative, modellhafte Situationen werden konstruiert, um die auf den Menschen übertragbare Botschaft am Tier zu exemplifizieren. Die Fabel beansprucht Allgemeingültigkeit und soll zur religiösen oder allgemein moralischen Belehrung dienen. Die europäische Fabeltradition geht auf die antike Fabeldichtung (Äsop) zurück. Fabeln erfreuten sich in Humanismus, Reformation und Aufklärung großer Beliebtheit.

Wie bei Schnick handelt es sich beim Raben Hans Huckebein (1867) – was angesichts der Gefiederfarbe kaum überrascht – um einen lasterhaften Gesellen. Tante Lotte muß dies schmerzlich erfahren.

Denn – schnupp! – der Tante Nase faßt er;
Und nochmals triumphiert das Laster! (1, 492)

Auch hier bleibt die Untat nicht ungesühnt. Nachdem der gefiederte Tunichtgut die anderen Haustiere gepiesackt, die Wohnung verwüstet und die Tante gezwickt hat, vergreift er sich final am Likör: »Und Übermut kommt zum Beschluß, / Der alles ruinieren muß.« Der volltrunkene Rabe verfängt sich in Tante Lottes Strickzeug und richtet sich gleichsam selbst, indem er den Tod am Strickgarnstrang erleidet. Sogleich naht die Tante und faßt die Quintessenz des Geschehens zur moralischen Erbauung der Jugend zusammen.

»*Die Bosheit war sein Hauptpläsier,*
Drum« *– spricht die Tante –*
»*hängt er hier!!*«
(1, 497 f.)

Busch gestaltet dieses wiederum in moralischer Verkleidung daherkommende Lesevergnügen nach dem von ihm vielfach variierten Muster der Moritatenparodie. Indem er freilich das Exempel am tierischen Helden statuiert, führt er das penetrante Schwarz-Weiß-Denken völlig ad absurdum, denn natürlich machen derlei bereits in der Anwendung auf den Menschen zu kurz greifende Kategorien in bezug auf Tiere keinerlei Sinn mehr.

Auch ›Fipps, der Affe‹ (1879) ist einer von Buschs tierischen Unruhestiftern und hinterläßt durch Temperament und Vitalität einen bleibenden Eindruck.

Jedoch tritt bei dieser Bildergeschichte ein weiteres Busch und seine Zeitgenossen bewegendes Thema hinzu: die Erkenntnisse Charles Darwins und die Verwandtschaft von Mensch und Tier.

Dieses Thema beschäftigt auch Doktor Fink und Professor Klöhn, die bei einem Fläschchen Portwein ge-

»*Mir scheint, ich bin hier unbeliebt!*«
Denkt Fipps, der sich hinwegbegibt. (3, 297)

In England erscheint 1859 *Charles Darwins* Hauptwerk, das in der nur ein Jahr später veröffentlichten deutschen Übersetzung den Titel ›Über die Entstehung der Arten durch natürliche Zuchtwahl‹ trägt. Darwin gelangte hier zu dem Schluß, daß die Arten nicht fertig geschaffen wurden, sondern daß der Artenwandel und die Entstehung neuer Arten durch natürliche Selektion realisiert wird. Die Selektion erfolgt durch die Anpassung an die Lebensbedingungen sowie den Kampf ums Dasein, bei dem sich die lebensfähigsten Arten und Individuen erhalten.

Die Darwinsche Evolutionstheorie wurde insbesondere von christlicher Seite massiv bekämpft, da sie eine Ablehnung der biblischen Schöpfungsgeschichte beinhaltet und den Menschen als Teil der Evolution begreift, ihm also seine von der Bibel zugesprochene Sonderstellung nimmt. Darwin hat Busch nachhaltig beeinflußt. Er habe, schreibt er an Hermann Levi, »den Schopenhauer in der einen, den Darwin in der anderen Tasche« (B 1, 214).

mütlich zusammensitzen, während sich Klöhn über »die Weisheit der Mutter Natur« ausläßt.

> Auch erschuf sie die Tiere,
> Erfreulich, harmlos und nutzbar;
> Hüllte sie außen in Häute,
> Woraus man Stiefel verfertigt,
> Füllte sie innen mit Fleisch
> Von sehr beträchtlichem Nährwert;
> Aber erst ganz zuletzt,
> Damit er es dankend benutze,
> Schuf sie des Menschen Gestalt
> Und verlieh ihm die Öffnung des Mundes.

In des Professors Worten schwingen zweitausend Jahre christlicher Theologie mit, gemäß der allein der Mensch Gott zum Bilde und Gleichnis erschaffen wurde, allein im Besitz einer unsterblichen Seele und das einzig vernunftbegabte Wesen – summa summarum: die Krone der Schöpfung ist. Zugleich ist der Professor ein Vertreter des raffgierigen Materialismus seiner Epoche. Entsprechend betrachtet er alles unter dem Aspekt der Verwertbarkeit und unterwirft auch das Tier einer gnadenlos verzweckten Sicht. Daß Klöhn speziell die »Öffnung des Mundes« preist, entlarvt des salbungsvollen Redners Hang zur Gefräßigkeit. Kurzum: der Herr Professor steht dem Animalischen weitaus näher, als er glauben machen möchte.

Doch während die Krone der Schöpfung das Loblied auf sich selbst singt, steht Affe Fipps, der verleugnete stammesgeschichtliche Verwandte, bereits im Begriff, Klöhn vom hohen professoralen Roß zu holen. Dieser ist inzwischen bei der menschlichen Vornehmheit angelangt: »Aufrecht stehet er da«, tönt Klöhn, »und alles erträgt er mit Würde.« (3, 337) Mit der Würde allerdings ist es sogleich vorbei, als er seinen von Fipps mit Tinte gefüllten Hut aufsetzt.

Allerlei Getier tummelt sich auch in Buschs Werken für Kinder bzw. in Werken, die ursprünglich für Kinder konzipiert waren. So verraten die märchenhaften Sequenzen von ›Schnurrdiburr oder die Bienen‹ (1868/69) mit ihren anthropomorphen Tierdarstellungen den ursprünglichen Plan eines Kinderbuchs.

Schau! Bienenlieschen in der Frühe
Bringt Staub und Kehricht vor die Tür;
Ja! Reinlichkeit macht viele Mühe,
Doch später macht sie auch Pläsier. (2, 7)

Eigens für Kinder sind ›Der Fuchs, die Drachen‹ (1881) oder ›Stippstörchen für Äuglein und Öhrchen‹ (1880) entstanden, Werke, in denen eher konventionell wirkende tierische Darsteller auftreten, wie z. B. in ›Stippstörchen‹ (d. h. kleine Histörchen) eine Schar drolliger Mäuse.

Tiere erfreuen die Herzen der Kinder und die Mägen der Erwachsenen. Allenthalben wird in Buschs Werken das Messer gewetzt.

Aus: Stippstörchen
(3, 373)

Aus: Naturgeschichtliches Alphabet (1, 59)

Aus: Die Verwandlung (1, 531)

Im Fall des »kleinen Quiekeschweins« ist der Kessel bereits aufgesetzt, das Wasser beginnt zu brodeln, als in letzter Sekunde das brave Ännchen einen kulinarischen Fehltritt verhindert – nämlich, daß das nette Schweinchen, ihr verzauberter Bruder, als Festtagsschmaus endet.

›Die Verwandlung‹ (1868) zeigt die Metamorphosen von Mensch zu Tier, von Tier zu Mensch und somit die existentielle Verbundenheit der traditionell fein säuberlich getrennten Welten. Auch der korpulente Knopp, dem zu allem Überfluß ein böser Bube einen geringelten Schweineschwanz an den Frack geheftet hat, steht seinen tierischen Verwandten näher, als er denkt. Ebenso ist die Ähnlichkeit zwischen dem Sohn des Bauern Dümmel und dem Affen Fipps verräterisch.

*Und Bruder Karl verliert auch bald / Die traurig-schweinerne Gestalt.
Aus: Die Verwandlung (1, 533)*

Aus: Abenteuer eines Junggesellen (3, 33)

Aus: Fipps, der Affe (3, 352)

Von ›Fipps, der Affe‹, dem »Bitterbösewichte«, hat Busch eigens eine Fassung für Kinder angefertigt, die zu seinen Lebzeiten nicht veröffentlicht wurde. Am Ende kommentiert die kleine Lise lallend Fippsens Tod: »*Armer Fipp – so sagte diese, / Während ihre Tränen flossen – Armer Fipp is todtessossen!!*« (BG III, 183). »Höchstens der Erwachsene freut sich an der Komik *solcher* Kindersprache«, schreibt Walter Pape, den auch die Kinderbücher der Jahre 1880/81 nicht überzeugen: »Das Kinderbuch wird allzu plakativ *nur* Kinderbuch; Unterhaltung und Belehrung wirken zu flach und durchsichtig und (…) meist fade und epigonal« (1981, 349).

*Den Kakadu man gern betrachtet,
Das Kalb man ohne weiters schlachtet.* (1, 61)

Kurzum: Busch macht als Zeichner die Nähe von Mensch und Tier sinnfällig. Daß sodann nicht mehr jenes Wesen, das theologisch-philosophische Welten vom Menschen trennen, sondern die eigene Verwandtschaft auf dem Teller landet, kann sensibleren Gemütern schon auf den Appetit schlagen: »Und jeder schmunzelt, jeder nagt / Nach Art der Kannibalen, / Bis man dereinst Pfui Teufel! sagt / Zum Schinken aus Westfalen.« (4, 413)

Die Stellung der Tiere in der vom Menschen dominierten Welt beschreibt Busch gleichermaßen lakonisch wie treffend im ›Naturgeschichtlichen Alphabet‹.

Drollig oder schmackhaft? – Je nach der Eigenschaft, die ihm der Mensch zuweist, wird über die Funktion des Tieres und somit über sein Schicksal entschieden.

Wie bei kaum einem anderen Thema ist hier die Sensibilität spürbar, die sich hinter Buschs Verschlossenheit verbirgt. In seinen Briefen berichtet er oft über die im Garten lebenden Tiere. Insbesondere die Vögel scheinen es ihm angetan zu haben: Stare und ihre Jungen, Grasmücken und Mohrenköpfchen sowie ein kleiner Zaunkönig, der sich nicht mehr aufpäppeln läßt. Ein Neffe schildert, wie er mit einem toten Vogel, dem er das Köpfchen eingedrückt hatte, zu den Kindern kam: »Er hatte ihn in der Hecke mit gebrochenem Flügel gefunden und wollte ihn nun nicht der Katze anheimfallen lassen. Er sagte zu uns nur ›Begrabt ihn!‹, dann ging er still in sein Zimmer. Das

---

Immer wieder ist es dieselbe Zwiegespaltenheit, auf die man bei Busch trifft: Hier der Mensch, der die Welt sensibel wahrnimmt und an ihr leidet, dort der andere, der sich an diese Welt anpaßt und ihre Erwartungen bedient: »Es wird mit recht ein guter Braten / Gerechnet zu den guten Taten; / Und daß man ihn gehörig mache, / Ist weibliche Charaktersache« (2, 503), lautet der Beginn eines jener Gedichte aus ›Kritik des Herzens‹, bei denen Busch die ansonsten so ausgeprägte Neigung zur Selbstkritik verlassen hat.

*Doch endlich schlachtet man
das Schwein,
Da freute sich das Bäuerlein.*
(1, 203)

traurige Gesicht, das er dabei hatte, ist noch lange in unserer Erinnerung haften geblieben.« (WBJb 1974, 65)

Von der gleichen mitfühlenden Sensibilität zeugt ein Brief an Lenbach, in dem Busch von einer Harzreise und einem eigentlich angenehmen Quartier berichtet: »Nur mal, noch ganz in dunkler Früh, wurd ich aufgeschreckt und schmerzhaft horchend wach erhalten durch die Wehklagen eines der vielen Schweine, welche der Genußsucht alljährlich zum Opfer fallen.

Jetzt wird's herausgezerrt aus dem lieben, duftenden Stalle; jetzt liegt's geknebelt; jetzt der Stich; Nothwehr geboten und heftig ausgeübt; Blutverlust fast beruhigend, scheint's; dann aber erst recht, dicht vor der Todesgewißheit, der höchste, gräßlichste Unmuth; dann röchelnde Entsagung; zuletzt Stille mit Nachdruck. Die Metamorphose in Wurst kann beginnen. Wahrlich! Gewiße Dinge sieht man am deutlichsten mit den Ohren.« (B 1, 313)

Buschs Neffen berichten, daß er keine Tiere tötete: »Sein Mitleid erhoffte einen Fortschritt menschlicher Kultur in fernen Zeiten, wo nicht nur Menschenfresserei, sondern jeder Fleischgenuß als Kannibalismus angesehen werden und die jetzt herrschende, recht naive Anschauung überwunden sein würde, als ob die Tiere nur für den Menschen da wären.« (N 136)

Kapitel 13
Künstlerschicksale

Am Ende von Buschs Karriere als Bildergeschichtenzeichner entstehen die Werke: ›Balduin Bählamm, der verhinderte Dichter‹ (1883) und ›Maler Klecksel‹ (1884). In beiden Künstlergestalten beschreibt Busch nicht, wie bisweilen zu lesen ist, seine persönlichen Erfahrungen, und doch sind sie »verschlüsselte und gebrochene Selbstkommentare« (Pape 1977, 67), in denen vor allem das künstlerische Scheitern thematisiert wird.

Wie wohl ist dem, der dann und wann
Sich etwas Schönes dichten kann!

So der ironische Einstieg in das bürgerliche Dichterleben des Balduin Bählamm. Ein solcher Name läßt für einen Poeten nichts Gutes erwarten, wie auch die Pose, in die sich der nicht mehr ganz so junge (denn Vater von vier Kindern) Musenjüngling wirft. Busch stellt einen Möchtegerndichter vor, der aus seiner prosaischen Alltagswelt in die hehren Gefilde der Dichtkunst (bzw. das, was er dafür hält) zu entfliehen sucht. Gleich den Dichtern der Romantik ist er beseelt und begeistert – allerdings nicht von hohen Idealen, sondern von sich selbst und natürlich von seinen Versen, die er jedem, der sich nicht rechtzeitig in Sicherheit bringt, vorträgt.

Das höchste Glück des selbsternannten Dichters ist, »(w)enn seines Geistes Kunstprodukt / im Morgenblättchen abgedruckt«, so daß der Poet zum Liebling aller, insbesondere aber zum Liebling der einen, nämlich der schönen Laura wird, die Balduin neben Ruhm und Ehre als höchster durch die Dichtkunst zu erwerbender Preis vor Augen schwebt.

> Sein Himmelstraum, sein Ideal,
> Die glühend ihm entgegenfliegt,
> Besiegt in seinen Armen liegt,
> Sie flüstert schmachtend inniglich:
> »Göttlicher Mensch, ich schätze dich!
> Und daß du so mein Herz gewannst,
> Macht bloß, weil du so dichten kannst!!« (4, 7ff.)

Balduin Bählamm ist die »Parodie (...) auf den Kitschautor der Zeit« (Ueding 1977). Und doch erschöpft sich die Geschichte nicht im Spott auf mangelnde Begabung und dichterisches Unvermögen, sondern ist darüber hinaus »ein Anschlag auf alles, was dem zeitgenössischen Kunstidealismus heilig ist« (Willems 77). Der uneigennützige Künstler, der sich bis zur Selbstaufopferung seinem Werk widmet, hat hier zugunsten des Bürger-Künstlers abgedankt, der die Kunst für seine kleinen Fluchten in-

Aus: Balduin Bählamm (4, 35) *Aus: Das Pusterohr* (1, 49)

strumentalisiert. Bählamm verläßt seinen Alltag zum Zwecke seiner Selbstinszenierung als Poet. Zweck hier – Zweck da, das »Unternehmen Dichter« ist vom Ansatz her zum Scheitern verurteilt, ein Scheitern in zehn Kapiteln, in denen Busch Bählamms gesammelte »Verhinderungen« darstellt.

Balduin macht in der Schnödigkeit der äußeren Umstände den Grund für die chronische poetische Ladehemmung aus. Also flieht der Poet zur Beflügelung seines Genius in die einsame Naturidylle, die natürlich weder einsam noch idyllisch ist, weswegen Balduin auch weiterhin von einer Enttäuschung zur nächsten stolpert.

Die Meinungen über die Bildergeschichte sind geteilt. »Bereits in seiner vorletzten Bildergeschichte, im Balduin Bählamm, scheint mir Busch nicht mehr auf der Höhe seiner Kunst«, schreibt Robert Gernhardt (2000), während andere Autoren das Werk für einen Höhepunkt von Buschs Schaffen halten (BG III, 1159 ff.).

Er lauscht dem Herdenglockenklang,
Und ahnungsfroh empfindet er's:
Glück auf! Jetzt kommt der erste Vers!
Klirrbatsch! Da liegt der Blumentopf.
Es zeigt sich ein gehörnter Kopf,
Das Maulwerk auf, die Augen zu,
Und plärrt posaunenhaft: Ramuh!! (4, 32 f.)

Busch greift auf einen begrenzten Fundus an Motiven zurück, die er variiert. In den späten Bildergeschichten sind jedoch die Wiederholungen unübersehbar. So gleicht die Szene, da sich der Dichter über sein lauschiges Plätzchen freut, der Szene aus ›Das Pusterohr‹ (1867), wo Herr Bartelmann glaubt, in Ruhe seine Brezel essen zu können.

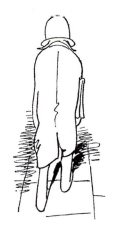

Um neune wandelt
Bählamm so
Wie ehedem auf sein
Bureau. – (4, 80)

Außentitel, München 1884.

Der Dichter bleibt ungeküßt, weder die Muse noch die dralle Dorfschöne Rieke Mistelfink lassen sich erweichen, so daß der zu allem Überfluß auch noch vom Zahnweh geplagte Poet reumütig zu Frau, Kindern und Beruf zurückkehrt.

Wie Balduin Bählamm ist auch Kuno Klecksel Teil des bürgerlichen Kunstbetriebes. Doch während sich der Dichter im angeblichen Freiraum der Kunst, der in Wahrheit nur ein schöngeistiges Anhängsel des Erwerbslebens ist, zu profilieren sucht, herrschen bei Klecksel von Beginn an die Gesetze des (Kunst-)Marktes.

Die Einführung in diese Welt der Monumentalgemälde und goldenen Bilderrahmen, in der Prunk, Protz und Profit dominieren, übernimmt der Vorredner, ein borniert er Pseudokunstkenner. Seine Nachmittage verbringt er im Kunstverein, nicht zuletzt auch um der anwesenden Damen willen, die er trotz seiner Unkenntnis zu beeindrucken versteht.

Hier gibt die Wand sich keine Blöße,
Denn Prachtgemälde jeder Größe
Bekleiden sie und warten ruhig,
Bis man sie würdigt, und das tu ich.
Mit scharfem Blick, nach Kennerweise,
Seh ich zunächst mal nach dem Preise,
Und bei genauerer Betrachtung
Steigt mit dem Preise auch die Achtung.
Ich blicke durch die hohle Hand,
Ich blinzle, nicke: »Ah, scharmant!
Das Kolorit, die Pinselführung,
Die Farbentöne, die Gruppierung,
Dies Lüster, diese Harmonie,
Ein Meisterwerk der Phantasie.
Ach, bitte, sehn Sie nur, Komteß!«
Und die Komteß, sich unterdeß
Im duftigen Batiste schneuzend,

Erwidert schwärmrisch: »Oh, wie reizend!«
Und wahrlich! Preis und Dank gebührt
Der Kunst, die diese Welt verziert. (4, 83 f.)

Busch wird derlei Szenen, zumal im Umfeld des vom Geburts- und Geldadel umschwirrten Münchner Malerfürsten Franz von Lenbach, oft genug selbst erlebt haben. Auch ansonsten finden sich autobiographische Elemente, so, wenn Klecksel als mittelloser Kunststudent in eine unschwer als München zu erkennende »Musenstadt« zieht. Buschs Erfahrungen in der Münchner Künstlerboheme finden Eingang, der Künstlerfasching und insbesondere die Kneipentouren mit exzessivem Bierkonsum. Entsprechend zieht es auch Klecksel eher zum Schimmelwirt als zu seinen Studien.

In beiden späten Bildergeschichten wird die hohe Kunst durch ihre in die menschlichen Niederungen verstrickten Vertreter gründlichst diskreditiert. Doch anders als der unbeholfene, fast tragisch wirkende Bählamm ist Klecksel ein gewitzter Tunichtgut, den nicht der Schöpfungsdrang, wie Busch ironisch vermerkt, sondern der Drang nach Geld treibt. So pfuscht er (inzwischen ist das freche Konturwesen das gerade Gegenteil des Kunststudenten Busch, der bis in die kreative Lähmung hinein den alten Meistern verpflichtet war) munter vor sich hin und versucht sich unter anderem in der Historienmalerei.

Er hat, von Schöpfungsdrang erfüllt,
Verfertigt ein historisch Bild:
Wie Bertold Schwarz vor zwei Sekunden
Des Pulvers große Kraft erfunden.
(4, 117)

Und Hinterstich, der sehr rumort,
Wird mehrfach peinlich angebohrt. (4, 125)

Zu beachten ist die kluge Wahl des Sujets, welche die Schwächen des Künstlers geschickt verbirgt. Die Fachkraft in Gestalt des Kritikus Dr. Hinterstich (Nomen est omen!) hat es dennoch gemerkt und muß den in der Zeitung veröffentlichten Verriß durch den wehrhaften, mit einem Bleistift bewaffneten Künstler bitter büßen.

›Maler Klecksel‹ enthält Highlights wie das Hinterstich-Duell und das Fräulein von Ach (»Vermögend zwar, doch etwas ältlich, / Halb geistlich schon und halb noch weltlich«). Oder aber den rabiaten Lehrer Bötel, den Jung-Kunos ebenso rabiater Gegenschlag sogar grammatikalisch ins Straucheln bringt.

Es zischt der Strahl, von Blut gerötet;
Herr Bötel ruft: »Ich bin getötet!« (4, 92)

Die Verwandtschaft von Lehrer Bötel und Lehrer Lämpel ist unübersehbar. Die Motive wiederholen sich, auch kann man Längen sowie oberflächlich Schwankhaftes ausmachen, also über das Werk geteilter Meinung sein. Verleger Bassermann jedenfalls spricht von einem »ziemlich unbedeutenden Klecksel« (BG III, 1214).

Die *Historienmalerei* ist eine Malereigattung, die geschichtliche Ereignisse, aber auch mythologische, religiöse oder literarische Inhalte in idealer oder realistischer Form darstellt. Im engeren Sinn ist darunter ein akademischer Malstil des 19. Jahrhunderts zu verstehen. Sowohl Wilhelm von Kaulbach, der zu Buschs Münchner Studienzeit an der Akademie der Bildenden Künste Direktor war, als auch Karl von Piloty, ein Freund Buschs, waren Historienmaler.

Am Ende aller Irrungen und Wirrungen ist Maler Klecksel mit der Bedienung vom Schimmelwirt verheiratet, Vater von fünf Kindern – und vor allem ist er kein Maler mehr. Die »Parodie des Künstlerromans, ja des Bildungsromans«, beschreibt, so Walter Pape (1988, 169) eine Entwicklung »in absteigender Linie«. Klecksel, der auszog, um Maler zu werden, endet als der neue Schimmelwirt, zu seiner großen Zufriedenheit und auch der all seiner einstigen Widersacher.

Ein versöhnlicher Abschluß – jedenfalls dann, wenn man ihn nicht wie in älteren Interpretationen auf die bierselige Herrenrunde, sondern auf die Kunst bezieht, die den Verlust mühelos verkraftet hat.

Mit Maler Klecksel beendet Busch seine Bildergeschichten und somit eine Karriere, in die er hineingestolpert, und ein Werk, gegenüber dem er stets zwiespältig geblieben war. Wie so oft äußert sich Busch auch zu diesem Thema nicht. Ein Hinweis findet sich in seiner Reaktion auf den Vorschlag Bassermanns, eine humoristische Zeitschrift unter Buschs Namen und Mitwirkung herauszugeben. Busch lehnte mit folgender Begründung ab: »Eine solche Zeitschrift ist wie ein gefräßiges Ungeheuer, das immer u. regelmäßig gefüttert sein will. Erst gibt man ihm die besten nahrhaftesten Speisen, ja Delikatessen, nach u. nach zwingt Einen das nimmersatte Vieh dazu, in den zugeworfenen Brocken immer weniger wählerisch zu werden, bis man zu faulem stinkigen Fleisch u. leeren Wursthäuten kommt.« (WBJb 1978, 18) Offenbar standen die Bildergeschichten und die Erwartungen, die er in ihnen zu erfüllen hatte, im Begriff, zu einem solch nimmersatten Vieh zu werden. Materiell hatte Busch ausgesorgt. Im Gegensatz zur schlechten Bezahlung bei Braun & Schneider räumte ihm sein Freund und Verleger Bassermann günstige Konditionen ein. Busch erhielt zumeist 45 Prozent des Reingewinns. Dennoch gab es auch mit Bassermann Auseinandersetzungen um die Finanzen, da der

Ja, selbst der Dr. Hinterstich,
Dem alter Groll nicht hinderlich,
Sie alle trinken unbeirrt
Ihr Abendbier beim Schimmelwirt. – (4, 145)

argwöhnische Busch sich zu Unrecht betrogen glaubte. Busch konnte es sich jedenfalls leisten, fortan auf die Viehfütterung zu verzichten.

Busch »hatte sein Ideenreservoir erschöpft und lief seit langem Gefahr, sich mehr und mehr zu wiederholen«, schreibt Hans Ries (BG III, 1226). Dies belegen auch spätere Skizzen zu Bildergeschichten, die unausgeführt blieben, wie ›Der Privatier‹ (um 1895), der aus einer Aneinanderreihung bekannter Motive besteht. Das Genre war ausgereizt und Busch klug genug, einen Schlußstrich zu ziehen.

Im Jahr 1887 klopft Bassermann vorsichtig an: »Ist gar keine Aussicht vorhanden, daß einmal wieder eine Novität von Dir erscheint?« Offenbar keine. Im Jahr 1889 teilt Bassermann einem englischen Geschäftsfreund mit, daß er liebend gern Neues veröffentlichen würde: »Aber (Busch) hat sich ganz in die Einsamkeit seines Heimatdorfes zurückgezogen. Dort ›arbeitet‹ er, wie ich von seiner Umgebung weiß, aber *was*, das sieht und erfährt kein Mensch. Humoristisches in der früheren Art sicher nicht; vielleicht ein ernstes Buch, in dem er seine Philosophie, seine Lebensanschauungen niederlegt. Die Zeit wird's lehren, auf Fragen gibt er keine Antwort.« (BG III, 1225)

Nur noch wenige Veröffentlichungen zu Lebzeiten wer-

»26 Jahre lang war Busch als Leistungskomiker aktiv, mit dem Maler Klecksel gab er 1884 ein sehr beachtliches, streckenweise glänzendes Abschiedsspiel (…)

Viel mehr war wohl nicht drin, die Komikproduktion schlaucht, doch Busch trat in Ehren ab. Ohne, bis zum Abschluß seiner aktiven Laufbahn, seine Anfänge zu verraten, ohne die Sau durch Wiederholungen zu Tode zu reiten, ohne nennenswerte Konzessionen an den versöhnlichen Humor oder den guten Geschmack zu machen. Auch – wichtig! – ohne in ästhetischen Formalismus abzurutschen, eine Gefahr, der die meisten komischen Zeichner irgendwann erliegen.« *Robert Gernhardt* (2000, 372)

den folgen: im Jahr 1891 das Prosastück ›Eduards Traum‹, 1895 die Erzählung ›Der Schmetterling‹, 1904 der Gedichtband ›Zu guter Letzt‹.

Ansonsten verstärkt sich die seit längerem zu beobachtende Tendenz zum Rückzug. »Nur scheint der Hang zur Einsamkeit, wie die Glatze, immer größer zu werden« (B 1, 216), schreibt Busch 1881 an Kaulbach, wenig später an Lenbach: »Ich für mein Theil komme in die Jahre der bequemen Hausschuhe.« (B 1, 229) Bereits der etwa Fünfzigjährige sympathisiert mit dem Altenteil und nur wenig später mit dem nahen Ende: »Im Übrigen sag ich mir täglich, daß ich alt geworden, daß ich hienieden nicht viel mehr zu erwarten habe« (B 1, 315). »Die paar Minuten, die ich voraussichtlich noch oberhalb der Erdkruste bin, sind bald verflossen«, heißt es 1891 (B 1, 340), doch die »paar Minuten« sollten noch über fünfzehn Jahre dauern.

»Um verdeckte Unzufriedenheiten in Schach zu halten, erwarb Busch früh die Gewohnheit, sich für ›alt‹, sein Leben für mehr oder weniger abgeschlossen zu erachten«, so die kluge Beobachtung von Hanns-Hermann Kersten (WBJb 1972, 75). Allerdings hat man bisweilen auch den Eindruck, daß nicht allein die Unzufriedenheit, sondern auch die Zufriedenheit darüber, mit sich selbst allein zu sein, Busch umtreibt. Auf jeden Fall ist die notorische Altersschwäche des Dauergreises auch eine effektive Strategie, sich unliebsame Besucher vom Hals zu halten

Eule und Star

Guten Tag, Frau Eule!
Habt Ihr Langeweile? –
Ja, eben jetzt,
Solang Ihr schwätzt!
Aus: Hernach (4, 359)

»Durch die schroffe Zurückweisung Fremder hatte er sich mit einem Zaun umgeben, den nur wenige zu übersteigen wagten. […] Mit zunehmendem Alter wurde es ihm immer unangenehmer, noch andere Menschen kennen zu lernen. ›Halt mir die fremden Leute vom Leibe! Sag nur‹, so instruierte er mich mit seinem verschmitzten Lachen, ›dein Onkel wäre ein wunderlicher, alter Kerl, mit dem nun mal nichts anzufangen wäre!‹«, berichtet Hermann Nöldeke (N 140).

Gerhard Haderer: Herr Busch im Maleratelier.

bzw. sich selbst von Besuchsverpflichtungen zu entbinden. Busch reist zwar auf die Einladung Lenbachs hin nach Rom (1886) und mehrfach mit Lenbach und dessen Frau nach Holland, dennoch läßt auch der Hang zum Reisen merklich nach.

So zieht sich Busch mehr und mehr nach Wiedensahl zurück. Daß kaum noch etwas von ihm an die Öffentlichkeit dringt, bedeutet freilich nicht, daß er nicht mehr arbeitet.

Ab 1884 widmet er sich dem Zeichnen nach der Natur und insbesondere der Malerei. »Im übrigen«, schreibt er an Johanna Keßler, »kramt ich im Garten zwischen Blumen und Unkraut herum, durchwärmt von der Sonne, gar innig versimpelt, beständig umschwebt von der treuen Cigarrette hellblauem Gewölke.« (B 2,62)

»(D)u kennst mich Laubfrosch. So heimlich für sich, versteckt im Laub, da quackt er sein Stücklein und erhascht sich sein Mücklein und dankt Gott, daß es ihm gut geht so leidlich (was ja immer noch mehr ist, als er verdient) und daß er so brav hupfen kann (besonders in Gedanken); und dann klettert er mal höchstens auf den Gartenzaun und sieht die Vöglein fliegen, weit, weit, bis nach Bayreuth, und, hupps, ist er schon wieder drunten.«

Busch an Levi, August 1891 (B 1, 335)

14. Kapitel
Späte Jahre

Wilhelm Busch hat ein malerisches Werk von über tausend Gemälden und zweitausend Zeichnungen hinterlassen. Es ist im Vergleich zu seinen Bildergeschichten weitgehend unbekannt, was nicht verwundert, denn Busch ist damit nicht an die Öffentlichkeit getreten. »Die Angst, eigene Minderwertigkeitsgefühle als Maler von Fremden eventuell bestätigt zu sehen, muß groß gewesen sein« (45), vermutet Meinolf Trudzinski. Für einen ängstlich-zögerlichen Menschen, der mit sich selbst und den Erwartungen, die er glaubt erfüllen zu müssen, ringt, spricht auch der künstlerische Werdegang voller Rückschläge: Auf die Studienabbrüche folgen vergebliche Versuche, als Maler beruflich Fuß zu fassen. Busch richtet seinen Stil am Vorbild der alten niederländischen Meister aus, die ihm unerreichbar erscheinen. Oder er orientiert sich an arrivierten Kollegen, mit denen er nicht mithalten kann, da deren Weg eben nicht der seine ist. Fast zwingend ist all dies auf Scheitern angelegt und so reiht sich Enttäuschung an Enttäuschung.

Die achtziger Jahre sind auch malerisch eine Phase des Umbruchs. Mit dem Ende des Bildergeschichtenwerks findet Busch die Zeit, sich intensiv der Malerei zuzuwenden. Fast noch wichtiger ist der Bruch mit der Vorstellung, als Maler für ein Publikum arbeiten zu müssen. Ein Freiraum entsteht, in dem Neues werden kann. Busch findet nun den Mut, sich von konservativen Darstellungsmethoden zu trennen. Er geht fortan eigene Wege, die ihm post-

Busch stellte seine Bilder bis auf eine Ausnahme nicht aus. Im Jahr 1906 wurde das Bild ›Maler mit Palette‹ in der Berliner Nationalgalerie im Rahmen der »Ausstellung deutscher Kunst aus der Zeit von 1775–1875« gezeigt (Gmelin, 211). Das frühe Werk ›Dornröschen-Fries‹ wurde von Buschs Bruder Otto in Hannover gegen den Willen Buschs ausgestellt.

Bauer in roter Jacke mit Kuh. Öl auf Pappe 13,3 x 17,8 cm.

hume Anerkennung einbringen und ihn als Vorläufer der Moderne ausweisen.

Busch malt, wie sein Neffe Adolf berichtet, »nur noch so ganz allein für sich, für niemanden sonst, für sich aber fleißig und viel. Jeden Abend stand das Bündel der breiten Borstenpinsel da und mußte gewaschen werden, da es (…) am nächsten Tag wieder in Gebrauch genommen wurde. Die meisten Bilder, die die Busch-Ausstellungen zeigten, sind solche Skizzen, die niemals darauf berechnet waren, von Publikum geschaut zu werden« (N 77).

Zurückgezogen und abgewandt wie ihr Maler wirken daher die Bilder, die sich um keinen Betrachter mehr kümmern. Der Gegensatz zum aufs Monumentale und Dekorative ausgerichteten Zeitgeschmack könnte kaum größer sein.

Ihrem privaten Charakter entsprechend sind diese Werke nur selten signiert, meist auch ohne Datum: klein-, ja kleinstformatige Ölskizzen, die nicht der Vorbereitung großer Gemälde dienen, sondern ihren Zweck in sich selbst haben. Sie sind »wie Briefe, bei denen Absender und Adressat eins sind« (Guratzsch, WBJb 1988, 15): Zeugnisse der intensiven malerischen Auseinandersetzung mit Natur, Landschaft und mit sich selbst. »Sagen Sie mir nicht, Sie hätten alles schon gesehn«, gibt Busch einem

---

Es ist bekannt, daß August Macke, als er das erste Mal 1908 einige der späten Landschaften in der Wilhelm-Busch-Gedächtnisausstellung sah, überrascht vermerkte, er sei ja der erste Futurist gewesen. Dies darf natürlich nicht allzu wörtlich genommen werden und hatte sich offensichtlich auf ein dynamisches Element der spezifischen Pinselschrift von Wilhelm Busch bezogen. (…) Bemerkenswerter erscheint der Tagebucheintrag von Paul Klee zur gleichen Ausstellung: »Kein Kitscher, sondern ein wohlorientierter Europäer. Einige Kerle mit roten Jacken gehören in eine Gemäldegalerie.« (Poetter 25)

Gesprächspartner, dem die Anregungen des Großstadtlebens fehlen, zu bedenken: »Üben Sie Ihr Auge, und Sie werden jeden Tag was Neues sehen. Schaut der Wald nicht täglich anders aus?« (SW VIII, 345).

Dieser täglich neuen Sicht entsprechen Bilderserien in kleinen Formaten, gleichsam »Versuchsreihen« (Gmelin 186), spontan verwirklicht, sodann oft achtlos beiseite gestellt (oder in noch nassem Zustand gestapelt). Wieviele Bilder Busch zerstört hat, ist nicht zu übersehen. »Er wohnt hier bei seiner Schwester im Pfarrwitwenhaus ganz zurückgezogen und malt Landschaften, die er aber wieder vernichtet« (WBJb 1974, 58), berichtet ein verwunderter Besucher im Jahr 1894.

Der private Charakter dieser Werke macht sie noch in anderer Hinsicht bedeutsam. Er ermöglicht Einblicke, die Busch sonst nicht gewährt, ja, man erkennt »in seinen Bildern nach der Natur den ›ungeschützten‹ Busch, wie er empfindet, sieht und fühlt.« (Guratzsch, WBJb 1988, 14) In auffallendem Gegensatz zu Buschs kontrolliertem Auftreten stehen die eruptiven Züge seiner Malerei, der dynamisch-wilde Pinselstrich. Die Vehemenz der Ausführung im Kontrast zur Beschaulichkeit des Gegenstandes gibt diesen Bildern, die zwischen Bewegtheit und meditativer Ruhe oszillieren, ihr besonderes Gepräge.

Eine Eigenheit Buschs ist das Motiv der »Rotjacken«. Die romantischen Rückenfiguren, so bei Caspar David Friedrich, nehmen den Betrachter mit in die Weite der sich öffnenden Landschaft hinein. Bei Busch hingegen wird keinerlei pathetische Zwiesprache mit der Natur mehr geführt. Seine Rotjacken wirken zurückgezogen und in sich hineingeduckt, klein und immer kleiner werdend ... bis hin zur äußersten Reduktion, dem Punkt, ein Motiv, das sich in der Prosa Buschs wiederholen wird.

Zweifelsfrei bezeugen die Rotjacken eine große Einsamkeit. Findet also in diesen unscheinbaren, fast »in Auflösung« begriffenen Figuren, die Erfahrung existentieller

Lüthorster Herbstlandschaft.
Öl auf Pappe 12,4 x 13,4 cm.

Rotjacke auf Waldwiese an einem Tümpel. Öl auf Pappe, 13,5 x 19 cm.

Verlorenheit und somit eine »unendliche Trostlosigkeit« (Poetter 12) ihren Ausdruck?

Man kann hier allerdings auch an den von Schopenhauer beschriebenen Zustand der »reinen Anschauung« (vgl. Holsten 20 f.) denken. Durch die Zurücknahme des Selbst und Überwindung des Willens wird bewirkt, daß »alle Dinge mit erhöhter Klarheit und Deutlichkeit vor uns stehn; so daß wir beinah bloß von ihnen wissen, und fast gar nicht von uns; also unser ganzes Bewußtseyn fast nichts weiter ist, als das Medium, dadurch das angeschaute Objekt in die Welt als Vorstellung eintritt«. Und da das Selbst schwindet, steigert sich die Erfahrung der Schönheit, »und alle Dinge stellen sich um so schöner dar, je mehr man sich bloß ihrer und je weniger man sich seiner selbst bewußt ist«. (Schopenhauer, Die Welt als Wille und Vorstellung 4, 436)

Findet also in den Rotjackenbildern ein Unglück oder ein Glück seinen Ausdruck? Vor allem anderen sind sie Gestalt gewordene existentielle Fragen, Antworten sind sie nicht.

Busch ist den Weg der Formauflösung und Reduktion, den er kühn eingeschlagen hat, nicht zu Ende gegangen. Hat es ihm wieder einmal an Mut und Selbstbewußtsein gefehlt? Irgendwann, vermutlich vor dem Jahr 1895, hat er zu malen aufgehört. »Es mag sein, daß Busch die Malerei aufgab, weil er sich vor dem letzten Schritt in völlige Abstraktion scheute, ihm anderseits im Gegenständlichen nichts Neues einfiel.« (Trudzinski 51). Gründe für den Abbruch sind von Busch nicht zu erfahren, nur ein abschließendes Urteil, und das ist vernichtend: »Sollte in der Rumpelkiste auf der Böhne [Hausboden] noch irgend eine farbige Schose übergeblieben sein, die Dir nicht zu schlecht ist, so steht sie selbstverständlich zu deiner Verfügung. Selbst kann ich das Zeugs nicht empfehlen. Und jetzt kommt der alte Pedant zum Vorschein: Bilder, meine Tochter, nennt man nur solche Malereien, die beanspruchen fertig zu sein; von den übrigen sagt man, es seien Studien, Skizzen, oder G'schmier, wo nicht viel Ehre mit einzulegen ist, was man demnach vor den Augen der Leute gern zu verbergen sucht«, schreibt er im Jahr 1896 an Grete Meyer (B 2, 79).

Wie in der Malerei beschreitet Busch auch in seiner Prosa neue Wege und veröffentlicht mit ›Eduards Traum‹ (1891) und ›Der Schmetterling‹ (1895) Texte, die im literarischen Umfeld der Epoche vereinzelt stehen: surrealgroteske Erzählungen voller Symbole und Allegorien. Busch gibt sich wie stets harmlos und nennt ›Eduards Traum‹ einen »kleinen Schnickschnack auf Druckpapier« (SW VIII, 328).

Die Erzählung schildert, wie sich Eduard im Traum in einen denkenden Punkt verwandelt, der den schlafenden Körper verläßt und unterschiedlichste Welten und Dimensionen durchstreift. Er durchschwebt auf seiner Reise auch das All und blickt aus den Weiten des Kosmos zurück auf die Erde: »Von meinem Ich allein, von einem einzigen Punkte aus, durch die unendliche Nacht, warf ich einen elektrisch leuchtenden Strahlenkegel auf die Weltkugel, die in ziemlicher Entfernung mir grad gegenüber lag. Sie hatte wirklich ein Ende und sah von weitem aus wie ein nicht unbedeutender Knödel, durchspickt mit Semmelbrocken.« (4, 184 f.) – außer für Knödelliebhaber eine eher schnöde Vision der Welt. Der Feind der Idyllen und von jeglichem Pathos bleibt sich auch in seiner Prosa treu.

Über das Reich der Zahlen gelangt Eduard in verschiedene Raumdimensionen und sodann in das Gebiet der aparten, d. h. voneinander getrennten Körperteile. Dort gibt es ein Reich der Köpfe, eines der Hände und ein Gebiet, in dem Füße für sich allein tanzen. Nach der Reise durch diese befremdlichen Gefilde gerät Eduard in die »gewöhnliche Welt«, die sich als Schreckensszenario erweist. Eduard fliegt durch Land und Stadt, durchstreift

Haus um Haus und trifft auf unterschiedliche Szenen, die bisweilen von erschreckender Brutalität sind. So herrscht in der ländlichen Anti-Idylle das Gesetz vom Fressen und Gefressenwerden: die Fliegen von den Fischen, die Fische von den Enten. Die Enten werden sodann von der Bauersfrau mit Brotkrumen in die Küche gelockt, wo sie ihnen die Köpfe abhackt. Hierbei verletzt sie sich am rostigen Beil und wird vom herbeigerufenen Arzt zu Tode kuriert.

»Der Dokter kam. Er wußte Bescheid. Erst schnitt er ihr den Finger ab, aber es half nicht; dann ging er höher und schnitt ihr den Ärmel ab, aber es half nicht; dann schnitt er ihr den Kopf ab, aber es half nicht; dann ging er tiefer und schnitt ihr die Trikottaille ab, und dann schnitt er ihr die wollenen Strümpfe ab, aber es half nicht; als er aber an die empfindlichen Hühneraugen kam, vernahm man einen durchdringenden Schrei, und im Umsehn war sie tot.

Der Bauer war untröstlich; denn das Honorar betrug 53 Mk. 75.« (4, 170 f.)

Von den Motiven und der szenischen Abfolge her erinnert Eduards Traumwelt an die Welt der Bildergeschichten, freilich mit dem Unterschied, daß sie nicht mehr von Konturwesen bevölkert ist. Da diese, wie der Name schon sagt, aus Kontur bestehen, wird der Leser nur wohldosiert mit dem Schrecken konfrontiert. Generationen von Konturwesen aus Bildergeschichten, Comics und Zeichentrickfilmen konnten daher ihrer Verhackstückung zugeführt werden, ohne daß dies Bestürzung und Entsetzen hervorgerufen hätte. Anders verhält es sich bei der malträtierten Bäuerin, die eben kein Wesen aus Kontur, sondern eine literarische Figur aus Fleisch und Blut ist.

Selbstsucht, Dummheit, Hinterlist und Gewalttätigkeit bestimmen beide Welten. Doch während der Leser das

Übel in der Konturwesenwelt verlachen kann, bleibt ihm beim Durchstreifen der Traumwelt das Lachen im Halse stecken. Der Genrewechsel bewirkt, daß die Komik ins Groteske und die Groteske in den Alptraum einer gänzlich verdüsterten Welt ohne Hoffnung umschlägt.

In ›Der Schmetterling‹ erzählt Busch die Geschichte vom Bauernjungen Peter, einem Tunichtgut, der auf Schmetterlingsjagd geht und in eine allegorisch verschlüsselte Welt voll märchenhafter Züge gerät.

(4, 215)

Diese Welt ist ohne Ausweg, denn Busch läßt weder politische noch persönliche Alternativen gelten. In einer der durchreisten Regionen hat man in der »Konkurrenzdrüse« (4, 187) den Sitz alles Unfriedens ausgemacht und entfernt sie durch eine Gehirnoperation. Das Ergebnis ist eine gleichmacherisch-eintönige Welt, in der sich die Menschen am nächstbesten Baum aufknüpfen. Die Anspielung auf sozialistisches Gedankengut steht exemplarisch dafür, daß für Busch keine politische Veränderung zum Besseren möglich ist. Nicht anders denkt er über persönliche Veränderungen. Eduard trifft auf dem Weg zur Bergstadt vier Gesellen: Willich, Wolltich, Wennaber und Wohlgemuth, Allegorien der guten Vorsätze. Alle bleiben sie auf der Strecke, denn statt den Berg zu besteigen vergnügen sie sich lieber im Wirtshaus.

Vor allem anderen ist es die Geschichte seines Scheiterns, denn nie wird er den Schmetterling fangen. Als einbeiniger Krüppel und in den Kleidern eines Toten kehrt er in sein Vaterhaus zurück, wo er von allen unerkannt sein Leben als Flickschneider fristen wird: »Schmetterlinge beacht ich nicht mehr.« (4, 262)

»In ›Eduards Traum‹ rechtfertigte (Busch) sein Weltbild, und im ›Schmetterling‹ gab er nun Rechenschaft über sein Schicksal«, schreibt Friedrich Bohne (263). Für Walter Pape hingegen steht die Erzählung für Buschs Überzeugung der »generelle(n) Unmöglichkeit eines sinnvollen und erfüllten Lebens« (1977, 79). Auch wenn sich die Identifizierung des Autors mit seiner literarischen Figur verbietet, ist doch im düsteren Weltbild und insbesondere im Thema des Scheiterns der Mensch Busch mit seinem Lebensweg präsent. Gleich wie hoch man diese biographische Komponente veranschlagen mag, erzählt wird eine Geschichte von tiefer Traurigkeit. Sie berichtet von der Aussichtslosigkeit der Träume und von jemandem, der den Versuch auszubrechen mit seiner Verkrüppelung bezahlt. Und sie berichtet von einem, der außen vor ist – von Anfang an und, da alles Wünschen nichts hilft, auf immer und ewig. Man wird ihn, der vor verschlossener Tür steht, in die warme Stube einlassen, doch nur um den Preis, daß er nicht er selbst ist. Also gibt er sich nicht zu erkennen und schlüpft in eine neue Identität. »Fritz Fröh-

lich« (4, 261 f.) nennt er diese andere Person, die die Maske der Frohnatur trägt, den anderen zum Wohlgefallen, dem eigenen Unglück zum Hohn.

Biographisch gibt es aus Buschs späten Lebensjahren kaum noch etwas zu vermelden, einzig weitere Stationen des Rückzugs. Im Jahr 1896 übereignet er für die einmalige Summe von 50 000 Mark alle Rechte an den gemeinsam vertriebenen Werken der Bassermannschen Verlagsbuchhandlung. Er entledigt sich somit auch in geschäftlicher Hinsicht seiner Bildergeschichten, die für ihn inzwischen eh in weite Ferne gerückt sind: »Meine Sachen habe ich schon lange nicht mehr angesehen – und will sie nicht mehr sehn.« (MWBG 1936, 36)

Im Jahr 1898 erfolgt die gemeinsame Übersiedlung mit Schwester Fanny zur Familie seines Neffen Pastor Otto Nöldeke nach Mechtshausen. Briefe, die ihm von Wiedensahl nachgeschickt werden, beantwortet er seit dieser Zeit ohne Angabe seiner neuen Adresse.

Buschs zurückgezogenes Leben macht die Beschreibung seiner späten Jahre schwierig. Hat er – so die Auffassung von Joseph Kraus – wie sein »Held« Peter Fröhlich zu einer Haltung »humorvoll resignierter Gelassenheit« (131) gefunden?

Im Wort »Gelassenheit« steckt »Lassen«, denn Gelassenheit setzt Loslassen voraus. Resignation hingegen

In Mechtshausen, April 1904.

»Kafka! Wallfahrtsziel aller Sinnhuber!« – so der entsetzte Aufschrei Robert Gernhardts (1988, 335) über den Vergleich eines Germanisten zwischen Buschs ›Eispeter‹ und Kafkas ›Gregor Samsa‹. Es läßt sich nicht leugnen: Germanistische Gefilde sind Hochburgen des Tiefsinns, und wenn sich dann gar noch der Trübsinn hinzugesellt, ist das Kafkaeske nicht mehr fern. Trotzdem, die von Astrid Lange-Kirchheim (2004) dargelegten Gemeinsamkeiten zwischen beiden Autoren überzeugen, zumal wenn man Buschs späte Prosa dem Vergleich zugrunde legt.

beschreibt einen Rückzug, bei dem Enttäuschung und Gram über das Nichterreichte bleiben, also die innere Freiheit fehlt, die das Herzstück der Gelassenheit ist. Der Mensch ist entweder resigniert oder er ist gelassen. Da sich die Haltungen ausschließen, kann auch bei Busch von »resignierter Gelassenheit« nicht die Rede sein.

Die Formulierung ist unglücklich und doch nachvollziehbar, denn in ihr schlagen sich zwei einander widersprechende Motivstränge nieder, die für die Spätzeit Buschs charakteristisch sind. Der eine Strang zeugt von Resignation, einem abgrundtiefen Pessimismus, der sich im Alter noch verstärkt. Er findet seinen Ausdruck in den späten Prosaschriften und auch in der Ideensammlung ›Spricker‹. »Glück, Freiheit: Negationen der Wirklichkeit« (4, 542), steht hier zu lesen. Vor dem Hintergrund einer solchen Aussage ist keine andere Haltung als Resignation mehr möglich.

Wie aber verhält es sich mit dem zweiten Motivstrang, der Gelassenheit? Hat Busch mit sich und der Welt Frieden geschlossen? Ein entsetzter zeitgenössischer Interpret geht sogar davon aus, daß Busch, nachdem er in seinen jüngeren Jahren den Aufstand gegen die Frömmler geprobt hat, auf seine alten Tage hin selbst fromm geworden ist. Tatsächlich finden sich für die letzten Lebensjahre Hinweise auf die Lektüre der Mystiker: Jakob Böhme, Angelus Silesius und Meister Eckhart. Der Frömmigkeitsverdacht scheint sich also zu bestätigen.

Im Gegensatz zu einem geläufigen Vorurteil handelt es sich bei den Mystikern allerdings nicht um blindgläubige Superfromme, sondern um die Freidenker und Querköpfe

---

In Mechtshausen entstehen zehn eng beschriebene Seiten mit bunt gemischten Aphorismen und Einfällen, die den Titel ›Spricker‹ (dürre Zweige, die zum Feuermachen dienten) tragen. Busch verarbeitete das hier versammelte Material gelegentlich zu Gedichten.

der Religionen. Meister Eckhart hat es aufgrund seiner konsequent freiheitlichen Theologie zu einer ehrenvollen Verketzerung seiner Schriften durch das zeitgenössische Papsttum gebracht. Der exponierte Vertreter einer Spiritualität abseits der Zwingherrschaft kirchlicher Dogmen und erst recht abseits aller Frömmelei wäre also ein würdiger Begleiter für die alten Tage eines Querkopfes und Antifrömmlers.

Busch beschäftigt sich auch mit der Bhagavadgita, einem der bedeutendsten spirituellen Texte Altindiens. Und er liest Hermann Oldenbergs ›Budda‹, eine Lektüre, die sich für einen Freund der Werke Schopenhauers, in denen buddhistisches Gedankengut vielfach aufgegriffen wird, anbietet. Auch die mögliche Interpretation der späten Bilder als Teil eines Prozesses, in dem sich das auf seinen Eigennutz bedachte und daher leidende Selbst mehr und mehr zurücknimmt, um letztendlich in der Ordnung

---

In der ›Leipziger Illustrierten Zeitung‹ vom 15. 1. 1908 war folgender Nachruf auf Busch zu lesen:

Wir wollen heute von dem alten Wilhelm Busch ein Abschiedswort sagen. Leider kann es nicht so ausfallen, wie es die Wirkung, die der Mann ausübte, erwarten läßt. Der Greis hatte nicht mehr die Kraft, durch Tränen zu lächeln; er war bitter und grämlich und – er, der Dichter des »Heiligen Antonius«! – fromm geworden. Er wollte mit dem dichtenden Zeichner und zeichnenden Humoristen nichts mehr zu tun haben: er verstand ihn nicht mehr. Alles in allem – ein trauriger Ausgang. (…) Der Mensch Wilhelm Busch war keiner von den Starken, die bis zum Schluß ausharren. Darum bietet uns sein Tod keinen Verlust, das können wir uns heute ruhig klarmachen; denn der Künstler, den wir lieben, der in seinem Volke lebt und ihm noch lange leben wird, er ist zu groß, als daß wir unwahr werden sollten. Aber dieser Künstler, das wollen wir nicht vergessen, war seit Jahren gestorben. (WBJb 1968, 9)

des Ganzen aufzugehen, würde hier gut passen. Busch freilich schweigt sich auch bei diesem Thema aus. Was ihn wohl, wenn er auf seiner Lieblingsbank im Garten des Pfarrhauses in Mechthausen saß, bewegt und umgetrieben haben mag? Er hat es für sich behalten.

Man kann also Zweifel anmelden, wenn ältere Busch-Biographien sein Leben in Abgeklärtheit, Gelassenheit und innerer Gefaßtheit ausklingen lassen. Nicht die widersprüchlichen und dürftigen Quellen stehen Pate, sondern ein Muster, das Busch als jemanden zeigt, der mit Gott und der Welt seinen Frieden gemacht hat, sich also so verhält, wie man als ordentlicher Mensch im hohen Alter und angesichts des nahenden Todes gefälligst zu sein hat.

Die Quellenlage ist so eindeutig nicht, und zudem bleibt fraglich, ob man dem passionierten Anti-Idylliker gerecht wird, wenn man ihm ein idyllisches Finale verpaßt. Und so bleiben die letzten Jahre von den widersprüchlichen Motivsträngen »resignativer Pessimismus« und »befreiende Gelassenheit« bestimmt: Open-end statt Happy-end. Das Bedürfnis nach Harmonie und sinnstiftender Eindeutigkeit, das gerade gegenüber den vorletzten und letzten Dingen oftmals besteht, wird sich damit schwertun. Doch wenn man es recht bedenkt: Das Leben ist bekanntlich komplex, spannungsreich und voller Widersprüche – warum sollte es eigentlich, wenn es sich seinem Ende zuneigt, plötzlich anders sein?

Nach solchen Unwägbarkeiten mag man sich über Konstanz und Berechenbarkeit freuen, nämlich über einen Menschen, der sich treu bleibt – verschlossen und kauzig bis zum Schluß, und dies mit sympathischer Unbestechlichkeit. Es komme, wer da wolle, Busch entzieht sich, auch wenn es Seine Majestät der Kaiser höchstselbst ist, der – jedenfalls per Telegramm – anklopft und zum 70. Geburtstag gratuliert. Der unwirsche Jubilar empfindet dies »im ersten Augenblick als Störung«, bevor er sich dann höflich doch ein wenig freut. Ansonsten muß er davon überzeugt werden, »daß er sich besonders bedanken müsse«. Busch gibt das unvermeidliche Werk beim Neffen in Auftrag, versehen mit der Regieanweisung, »aber nicht byzantinisch!« (N 147), d. h. nur keine übertriebene Ehrerbietung, sondern schlicht.

Im übrigen treffen alle, die anläßlich des 70. Geburtstages nahen – auf niemanden, denn Busch hat keine Lust auf eine »Leichenfeier bei Lebzeiten« (B 2, 187) und sich nach Hattdorf zur Familie seines Neffen Hermann in Sicherheit gebracht. Der ortsansässige Männergesangverein muß von der Angelegenheit Wind bekommen haben und hätte um ein Haar zum Ständchen angehoben, wäre dies nicht vom geistesgegenwärtigen Neffen gerade noch verhindert worden. So kann der Festtagsdeserteur einen völlig normalen Tag in großer Zufriedenheit verleben und sodann Entwarnung geben: »Um 10 Uhr abends sah er vom Buche auf nach der Uhr, drehte sich eine Zigarette und meinte, jetzt sei die Gefahr wohl vorüber, es könne nun doch niemand mehr kommen.« (N 147)

Der gleichförmige Lauf der letzten Lebensjahre wird allein von sich häufenden Todesnachrichten unterbrochen. Auch Busch ereilt das Schicksal aller Hochbetagten: die vertraute Welt stirbt in Gestalt von Verwandten, Freunden und Weggefährten allmählich weg. Im Jahr 1907 mehren sich die Anzeichen, daß auch Busch im Begriff steht, sein Bündel zu packen:

»Dem Dichter und Zeichner, dessen köstliche Schöpfungen voll echten Humors unvergänglich im Deutschen Volke leben werden, spreche ich meinen aufrichtigen Glückwunsch zum 70. Geburtstage aus. Möge demselben ein schöner Lebensabend beschieden sein. In Dankbarkeit für die fröhlichen Stunden, die Sie ihm bereiteten. Wilhelm I. R.« (WBJb 1982, 7)

Mir selbst ist so, als müßt ich bald verreisen –
Die Backenzähne schenkt ich schon den Mäusen –
Als müßt ich endlich mal den Ort verändern
Und weiter ziehn nach unbekannten Ländern.
(SW III, 354)

Zu Beginn des Jahres 1908 macht sich seine Herzschwäche bemerkbar, und er klagt über Unwohlsein: »Am Mittwoch Abend brachten wir ihn zu Bett, wobei er sich noch nicht viel helfen lassen wollte. Die Nacht war etwas unruhig. Morgens um acht rückte meine Frau ihm die Kissen zurecht; nahm seine kalten Hände in die ihrigen; fragte: Wie geht's, Onkel? O, ganz gut – nickte er ihr freundlich zu, drehte sich zur anderen Seite und schlief still und sanft ein – am Donnerstag, dem 9. Januar 1908.« (MWBG 1933, 7)

Selbst mancher Weise
Besieht ein leeres Denkgehäuse
Mit Ernst und Bangen. –
Der Rabe ist ganz unbefangen.
Aus: Hernach (4, 391)

Natürlich hat sich Busch eine einfache Beerdigung in aller Stille gewünscht. Es sollte anders kommen, wie in der ›Braunschweiger Zeitung‹ vom 13.1.1908 zu lesen steht:

»So war Wilhelm Busch wenn auch gegen seinen Willen, so doch nicht gegen seine Würde – aufgebahrt in einem grünen Walde von Kränzen, Blumen und Gewächsen, wie es einem Großen unter uns Alltagsmenschen gebührt, so gestaltete sich auch sein letzter Zug, der sich

---

Wie andre, ohne viel zu fragen,
Ob man hier oben mich gebraucht,
So bin auch ich zu Lust und Plagen
Im Strom der Dinge aufgetaucht.
Geduld! Nach wenigen Minuten
Versink ich wieder in den Fluten. (4, 529)

Busch verfaßte dieses Gedicht anläßlich seines 70. Geburtstages für die Zeitschrift ›Jugend‹.

seinem Wunsche entsprechend durch nichts von jeder gewöhnlichen Dorfbeerdigung unterscheiden sollte, zu einem feierlichen Kondukt, in dem der Vertreter des Kaisers in vornehmer Diplomatengala, Fürsten und Führer auf geistigem Gebiete hinter dem mit Kränzen und Schleifen überladenen Sarge herschritten.«

Die Schar der Ehrungswilligen hat ihn also doch noch erwischt. »Was würde wohl der alte Busch gesagt haben«, überlegt der Reporter, »wenn er sein glänzendes Leichengefolge gesehen hätte?« (WBJb 1968, 10). Die Frage bleibt besser unbeantwortet, um die Würde des Augenblicks nicht zu stören. So klingt Buschs bescheidenes und zurückgezogenes Leben in einem prunkvollen Festakt aus – was wieder einmal beweist: Der gravierendste Nachteil an der eigenen Beerdigung ist und bleibt die Tatsache, daß man sich ihr nicht entziehen kann: »Denn hinderlich, wie überall, / Ist hier der eigne Todesfall.« (2, 462)

Epilog
Der Vogel auf dem Leim

Je mehr ein Mensch des ganzen Ernstes fähig ist,
desto herzlicher kann er lachen.
Arthur Schopenhauer:
Die Welt als Wille und Vorstellung (3, 118)

»Lachen ist ein Ausdruck relativer Behaglichkeit. Der Franzel hinterm Ofen freut sich der Wärme um so mehr, wenn er sieht, wie sich draußen der Hansel in die rötlichen Hände pustet«, sagt Busch, der sich hier in Sachen Humor unter Wert verkauft. Freilich paßt diese Definition des Lachens zu Boshaftigkeit, Häme und Schadenfreude in Buschs Werk, also zu dem, was ihm Heinrich Böll zutiefst verübelt hat. Man wird trotz des von Böll ausgerufe-

---

»(A)ber das nationale Unglück der Deutschen wollte es wohl, daß ihre Vorstellung von Humor von jemand bestimmt werden sollte, der verhängnisvollerweise Wort und Bild miteinander verband: von Wilhelm Busch. Ich halte das für ein Verhängnis. Zur Wahl stand Jean Paul, ein Humaner, der Humor hatte, gewählt aber wurde Busch, ein Inhumaner, der sich selbst illustrierte, es ist der Humor der Schadenfreude, des Hämischen (…). Es ist die Spekulation auf das widerwärtige Lachen des Spießers, dem nichts heilig ist, nichts, und der nicht einmal intelligent genug ist, zu bemerken, daß er in seinem fürchterlichen Lachen sich selbst zu einem Nichts zerlacht.« *Heinrich Böll* (104)

nen nationalen Humornotstandes Entwarnung geben dürfen. Schließlich soll es schon vorgekommen sein, daß Menschen, die über stürzende Konturwesen lachen, gestürzten Rentnerinnen wieder aufgeholfen haben! Es besteht also keinerlei moralische Notwendigkeit, die offenbar nur allzu menschliche Freude an unfreiwilligen Abstiegen vom hohen Roß (sei es realer oder metaphorischer Natur) als verwerflich zu betrachten: »Die Reiter machen viel Vergnügen, / Besonders, wenn sie drunten liegen.« (2, 497) Wer hier noch nicht gelacht hat – Hoppala! – werfe den ersten Stein.

Doch Busch kennt noch ein anderes Lachen, das des »natürlichen Humoristen«: »Auch du, mein kleines, drolliges Hänschen, mit deinem Mumps, deiner geschwollenen Backe, wie du mich anlächelst durch Tränen aus deinem dicken, blanken, schiefen Gesicht heraus, auch du bist einer« (4, 156).

Man braucht weder Hänschen heißen, noch muß man Mumps haben, um sich angesprochen zu fühlen. Steht doch Mumps für all das Elend, das man im Leben »an der Backe haben« kann, und das verweinte Kindergesicht läßt sich in jedem weinenden Gesicht wiedererkennen. Das Lachen könnte einem vergehen, und dennoch ist da Humor …

»Sokrates: Wie auch den Thales, o Theodoros, als er, um die Sterne zu beschauen, den Blick nach oben gerichtet in den Brunnen fiel, eine artige und witzige thrakische Magd soll verspottet haben, daß er, was am Himmel wäre, wohl strebte zu erfahren, was aber vor ihm läge und zu seinen Füßen, ihm unbekannt bliebe …«

Platon: Theaitetos (2, 608)

Es sitzt ein Vogel auf dem Leim,
Er flattert sehr und kann nicht heim.
Ein schwarzer Kater schleicht herzu,
Die Krallen scharf, die Augen gluh.
Am Baum hinauf und immer höher
Kommt er dem armen Vogel näher.

Der Vogel denkt: Weil das so ist
Und weil mich doch der Kater frißt,
So will ich keine Zeit verlieren,
Will noch ein wenig quinquilieren
Und lustig pfeifen wie zuvor.
Der Vogel, scheint mir, hat Humor.

Aus: Kritik des Herzens (2, 495)

Der Vogel auf dem Leim beschreibt die existentielle Grundsituation des Menschen. Und dies ungeschönt und schnörkellos, eben wie es einem Werk angemessen ist, in dessen Zentrum »der radikale Verlust der Idylle« (Ries 1998, 32) steht. Kein Sinngefüge wird hier aus alten Bruch-

---

Buddha erzählte in einem Sutra eine Parabel:

Ein Mann, der über eine Ebene reiste, stieß auf einen Tiger. Er floh, den Tiger hinter sich. Als er an einen Abgrund kam, suchte er Halt an der Wurzel eines wilden Weinstocks und schwang sich über die Kante. Der Tiger beschnupperte ihn von oben. Zitternd schaute der Mann hinab, wo weit unten ein anderer Tiger darauf wartete, ihn zu fressen. Nur der Wein hielt ihn.

Zwei Mäuse, eine weiße und eine schwarze, machten sich daran, nach und nach die Weinwurzel durchzubeißen. Der Mann sah eine saftige Erdbeere neben sich. Während er sich mit der einen Hand am Wein festhielt, pflückte er mit der anderen die Erdbeere. Wie süß sie schmeckte! (Reps, 40)

stücken neu erstellt, kein begütigendes Licht auf das Schicksal des Vogels geworfen. Und doch hält er stand und singt … Ist es ein letzter Triumph des Lebens, ein Ausdruck von Leichtem, das auch im Schweren möglich ist, eine Öffnung hin zu einem Trost, die jenseits von allem ist, also auch jenseits von Sinn? Doch halt – bevor sich unter der Hand wieder Sinn und Zweck einschleichen. Gerade weil dieses Singen bzw. Lachen jenseits von allem ist, kann es dort noch sein, wo jede Sinnzuweisung verharmlosend wäre.

Hat sich also der Vogel angesichts des gefräßigen Katers die Sinnfrage gestellt und auf die befriedigende Antwort hin das Quinquilieren aus Zuversicht auf wen oder was auch immer begonnen? Nein, denn er hat Humor. Er quinquiliert um des Quinquilierens willen. Und wenn man es recht bedenkt, geht es auch dem kleinen Hänschen mit seiner dicken Backe nicht anders. Er hat keinen Grund zu lachen, aber er lacht.

Wilhelm Busch – »des deutschen Volkes Spaßmacher« (JWBG 1950, 3), wie ihn Theodor Heuss nennt –, war ein ernster, verschlossener, vor allen Dingen aber ein zwiespältiger Mensch, der sich gegen eine »fragwürdige Weltverfassung wehrte und doch nicht von ihr loskam« (Martini, 360). Blockaden und unverwirklicht gebliebene Wünsche begleiten als trauriger Unterton diese Biographie. Mangelte es an Mut, waren die Zeiten schlecht oder sind die Bedingungen des Menschseins so, daß man nicht glücklich werden kann? Im Grunde sind derlei Fragen, wenn das Leben gelebt ist, müßig: »Jedweder sitzt in seiner eigenen Haut auf seine eigene Gefahr.« (2, 53)

Man kann Busch seine spießigen Anwandlungen ankreiden, sollte darüber aber nicht vergessen, wie weitreichend er sich, der sich hätte feiern lassen können, verweigert und entzogen hat. Und so endet er nicht wie sein Maler Klecksel (diejenige Figur, die ihm am nächsten steht) inmitten einer feucht-fröhlichen Stammtischrunde, sondern in der Abgeschiedenheit der Provinz. Zwar ist er kein Rebell, doch zum Spießer und Mitläufer taugt er eben auch nicht. Ja, letztendlich ist ihm das Unglück des Außerhalbstehens lieber als das fadenscheinige Glück einer um den Preis der Anpassung erkauften Zugehörigkeit.

Eine einzigartige humoristische Erfolgsgeschichte schließt sich an. Offenbar hat der zwiespältige Träger der nationalen Narrenkappe den Nerv seines Publikums getroffen. Liegt es daran, daß es ebenso zwiespältig, zwischen Angepaßtheit und untergründiger Wut hin- und hergerissen ist wie er? Politisch jedenfalls läßt sich das deutsche Bürgertum Zügel anlegen und haut sodann in Sachen Frohsinn auf den Putz. Es ist »nicht belanglos, worüber ein ganzes Volk lacht« (WBJb 1982, 27), stellte bereits Buschs Zeitgenosse Karl Scheffler fest. Um so mehr muß es verwundern, daß die Rezeptionsgeschichte Buschs, die zugleich ein wichtiges Kapitel deutscher Mentalitätsgeschichte im 19. und 20. Jahrhundert wäre, noch nicht geschrieben ist.

Humor ist, wenn man trotzdem lacht, traditionell wird mit den Worten Otto Julius Bierbaums der goldene, denn versöhnliche Humor gepriesen, der über alles Mögliche und Unmögliche hinwegtrösten soll. Es ist nicht zu bestreiten, Buschs Werk bedient das Bedürfnis nach den kleinen Fluchten aus dem Alltag, nach Lachen, das entlastet. Das Vergnügen sei jedem gegönnt, auch wenn man ab einem gewissen Frohsinnspegel darüber nachdenken kann, ob man sich nicht besser das Vergnügen gönnen sollte, belastende und ungute Umstände zu ändern. Jubel, Trubel, Heiterkeit – das werte Publikum ist mit sich selbst und der Welt wieder zufrieden. Sein Spaßmacher jedoch ist und bleibt unglücklich, da – um mit Robert Gernhardt zu sprechen – »der Riß, der durch die Welt, also auch durch ihn geht, einfach nicht heilbar ist, da er den nur aushalten kann, indem er ihm nicht mit Macht leugnet oder zuschüttet oder überbrückt, sondern indem er in ihm herumbohrt, ihn erweitert, ihm auf den komischen Grund geht, so, wie die Zunge fortwährend den pochenden Zahn sucht«. (1988, 458) Der Spaßmacher ist eben keine Frohnatur, sondern ein seltsamer Kauz. Und wenn man es recht bedenkt, ist er einer der seltenen Vögel, die Humor haben, jenen von der gänzlich unversöhnten und tiefgründigen Art. Humor, der vor allem anderen eines ist – tapfer.

Abkürzungen

B = Sämtliche Briefe. Kommentierte Ausgabe in 2 Bänden. Hg. von Friedrich Bohne unter Mitarbeit von Paul Meskemper und Ingrid Haberland. Hannover 1968–1969.

Bo = Bohne, Friedrich: Wilhelm Busch. Leben, Werk, Schicksal. Zürich, Stuttgart (1958).

JWBG = Jahrbuch der Wilhelm-Busch-Gesellschaft. Hannover 1949–1963.

MWBG = Mitteilungen der Wilhelm-Busch-Gesellschaft. Hannover 1932–1943.

WBJb = Wilhelm Busch Jahrbuch. Hannover 1964–1997

N = Nöldeke, Hermann, Adolf und Otto: Wilhelm Busch. München 1909.

BG = Wilhelm Busch: Die Bildergeschichten. 3 Bde. Bearb. von Hans Ries unter Mitwirkung von Ingrid Haberland. Historisch-kritische Gesamtausgabe. Im Auftr. der Wilhelm-Busch-Gesellschaft. Hannover 2002.

SW = Busch, Wilhelm: Sämtliche Werke. Hg. v. Otto Nöldeke. 8 Bde. München 1943.

Mit Band- und Seitenangabe = Busch, Wilhelm: Werke. Historisch-kritische Gesamtausgabe, Bde. 1–4, bearbeitet und hg. v. Friedrich Bohne, Hamburg 1959.

Literaturverzeichnis

Grundlegend:
Katalog zur Niedersächsischen Landesausstellung anläßlich der 150. Wiederkehr des Geburtstages von Wilhelm Busch. Hg. v. Niedersächs. Minister für Wissenschaft u. Kunst. Berlin 1982.
Bd. 1: Wilhelm Busch als Maler in seiner Zeit.
Bd. 2: Wilhelm Busch als Zeichner nach der Natur.
Bd. 3: Wilhelm Busch – Die Bildergeschichten zwischen Flugblatt und Cartoon.

Zu den Zeichnungen:
Brunngraber-Malottke, Ruth: Wilhelm Busch. Handzeichnungen nach der Natur. Werkverzeichnis, Stuttgart 1992.

Zur Malerei:
Gmelin, Hans Georg: Wilhelm Busch als Maler. Mit e. vollständigen Werkverzeichnis nach den Vorarbeiten von Reinhold Behrens. Hg. u. gefördert von der Wilhelm-Busch-Gesellschaft. Berlin 1980.

Zu den Bildergeschichten:
Wilhelm Busch: Die Bildergeschichten. 3 Bde. Bearb. von Hans Ries unter Mitwirkung von Ingrid Haberland. Historisch-kritische Gesamtausgabe. Im Auftr. der Wilhelm-Busch-Gesellschaft. Hannover 2002.
Hier findet sich die Sekundärliteratur aufgelistet (BG III, 1456 ff.) bzw. im Kontext des Kommentars zu den jeweiligen Bildergeschichten. Entsprechend wurden in folgende Liste nur zitierte Werke aufgenommen:

Böll, Heinrich: Frankfurter Vorlesungen. Köln, Berlin 1966.
Bohne, Friedrich: Wilhelm Busch. Leben, Werk, Schicksal. Zürich, Stuttgart 1958.
Bonati, Peter: Schema, Spiel und Fülle. Aspekte im Bildergeschichtenwerk von Wilhelm Busch. In: WBJb 1983, 47 ff.
Busch, Wilhelm. Lebenszeugnisse aus der Sammlung des Wilhelm-Busch-Museums Hannover. Hg. v. Herwig Guratzsch. Stuttgart 1987.

Dettweiler, Christian: Wilhelm Buschs menschliche Problematik. Versuch einer psychoanalytisch-schriftpsychologischen Deutung. In: WBJb 1976, 7 ff.

Dittmar, Peter: Ein schönes Vorurteil. Wilhelm Busch, die Juden und wir. In: WBJb 1987, S. 29 ff.

Gay, Peter: Freud, Juden und andere Deutsche. Herren und Opfer in der modernen Kultur. Aus dem Amerikanischen von Karl Berisch. München 1989.

Gernhardt, Robert: Gesammelte Gedichte 1954–2004. Frankfurt a. M. 2005.

ders.: Was gibt's denn da zu lachen? Kritik der Komiker, Kritik der Kritiker, Kritik der Komik. Zürich 1988.

ders. (Hg.): Wilhelm Busch: Da grunzte das Schwein, die Englein sangen. Ausgewählt und mit einem Essay von Robert Gernhardt. Frankfurt a. M. 2000.

Görlach, Manfred: Max und Moritz in aller Munde. Wandlungen eines Kinderbuches. Eine Ausstellung in der Universitäts- und Stadtbibliothek Köln, 27. Juni – 30. September 1997. Köln 1997.

Guratzsch, Herwigh: Je reifer, desto progressiver … Zum Spätwerk von Wilhelm Busch. In: WBJb 1988, S. 9 ff.

Günther, Herbert: Der Versteckspieler. Weinheim 2002.

Haas, Frithjof: Zwischen Brahms und Wagner. Der Dirigent Hermann Levi. Zürich und Mainz 1995.

Haberland, Ingrid: Wilhelm Busch – Biographie. In: Katalog zur Niedersächsischen Landesausstellung, Bd. 2, S. 1 ff.

Henscheid, Eckhard: Wie Max Horkheimer einmal sogar Adorno reinlegte. Zürich 1983.

Holsten, Siegmar: »Maulwurfshügel allerschärfster Betrachtung«. Wilhelm Busch an der Schwelle zur Moderne. In: Wilhelm Busch, Malerei, Zeichnungen, Bildergeschichten. Hg. von der Kunsthalle Krems, Altonaer Museum in Hamburg, Staatliche Kunsthalle Karlsruhe, Ludwig Galerie Schloß Oberhausen, Wilhelm-Busch-Gesellschaft Hannover. Wien, München 1998, S. 9 ff.

Horkheimer, Max: Die Aktualität Schopenhauers. In: ders.: Zur Kritik der instrumentellen Vernunft. Hg. von Alfred Schmidt, Frankfurt a. M. 1985.

Hurrelmann, Bettina: Die lustige Geschichte von den bösen Kindern: Wilhelm Buschs ›Max und Moritz‹. In: Klassiker der Kinder- und Jugendliteratur. Hg. von Bettina Hurrelmann. Frankfurt a. M. 1995, S. 46 ff.

Kahn, Ludwig W.: Der Doppelsinn der Aussagen bei Wilhelm Busch. In: WBJb 1972, S. 16 ff.

Klotz, Volker: Was gibt's bei Wilhelm Busch zu lachen? In: Die boshafte Heiterkeit des Wilhelm Busch. Hg. von Michael Vogt. Bielefeld 1988, S. 11 ff.

Kohut, Thomas A.: Wilhelm Busch: Die Erfindung eines literarischen Nationalhelden 1902–1908. In: Zeitschrift für Literaturwissenschaft und Linguistik, 27 (1997), S. 106 ff.

Kraus, Joseph: Wilhelm Busch. Hamburg 1970.

Kreutzer, Hans Joachim: Wilhelm Busch: Der Schriftsteller als Halbbruder des Künstlers. In: WBJb 1982, 27 ff.

Lange-Kirchheim, Astrid: Zur Präsenz von Wilhelm Buschs Bildergeschichten in Franz Kafkas Texten. In: Textverkehr, Kafka und die Tradition. Hg. von Claudia Liebrand und Franziska Schößler. Würzburg 2004, S. 161 ff.

Mann, Golo: Wilhelm Busch. In: WBJb 1982, 1 ff.

Martini, Fritz: Deutsche Literatur im bürgerlichen Realismus. 1848–1898. 4. Aufl., Stuttgart 1981.

Neyer, Hans Joachim: Herzenspein und Nasenschmerz. Karikaturen und Comics im Wilhelm-Busch-Museum Hannover, Deutsches Museum für Karikatur und kritische Grafik. Hg. Wilhelm-Busch-Gesellschaft Hannover. Hannover 2006.

Nietzsche, Friedrich: Werke in drei Bänden. Hg. von Karl Schlechta. München 1954.

Nipperdey, Thomas: Deutsche Geschichte 1866–1918. 1. Band: Arbeitswelt und Bürgergeist. München 1990.

Nöldeke, Hermann, Adolf und Otto: Wilhelm Busch. München 1909.

Pape Walter: Das literarische Kinderbuch. Studien zur Entstehung und Typologie. Berlin, New York 1981.

ders.: »Zwar man zeuget viele Kinder«. Das Vaterbild bei Wilhelm Busch. In: Die boshafte Heiterkeit des Wilhelm Busch. Hg. von Michael Vogt. Bielefeld 1988, S. 153 ff.

ders.: Wilhelm Busch. Stuttgart 1977.

Pessimist mit Schmetterling. Wilhelm Busch – Maler, Zeichner, Dichter, Denker. Hg. Wilhelm-Busch-Gesellschaft Hannover. Hannover 2007.

Poetter, Jochen (Hg.): Wilhelm Busch: Malerei. Staatliche Kunsthalle Baden-Baden, Stuttgart 1990.

Ranke, Winfrid: Der Maler Franz von Lenbach. In: Franz von Lenbach 1836–1904, 14. Dezember 1986–3. Mai 1987, Lenbachhaus München. München 1987, S. 43 ff.

Literaturverzeichnis 183

Reps, Paul (Hg.): Ohne Worte – ohne Schweigen. 101 Zen-Ge-schichten und andere Zen-Texte aus vier Jahrtausenden. München 1999.

Ries, Hans: Wilhelm Busch als Bildergeschichtenzeichner. In: Wilhelm Busch, Malerei, Zeichnungen, Bildergeschichten. Hg. Kunsthalle Krems, Altonaer Museum in Hamburg, Staat-liche Kunsthalle Karlsruhe, Ludwig Galerie Schloß Oberhau-sen, Wilhelm-Busch-Gesellschaft Hannover. Wien, München 1998, S. 25 ff.

Rühle, Reiner: »Böse Kinder«. Kommentierte Bibliographie von Struwwelpetriaden und Max-und-Moritziaden mit bio-graph. Daten zu Verfassern und Illustratoren. Osnabrück 1999.

Sautermeister, Gert: … meisterlicher Anwalt der Pietätlosigkeit. Wilhelm Busch, wie ihn keiner kennt. In: WBJb 1970, 26 ff.

Schopenhauer, Arthur: Werke in zehn Bänden. Zürcher Ausga-be. Der Text folgt der historisch-kritischen Ausgabe von Ar-thur Hübscher. Zürich 1977.

Sorg, Bernhard: Zur literarischen Schopenhauer-Rezeption im 19. Jahrhundert. Heidelberg 1975.

Spinner, Kaspar H.: Böse Buben. Erziehung, Lust und Aggres-sion in der Geschichte der Kinderliteratur. In: Bernhard Rank, Cornelia Rosebrock (Hg.): Kinderliteratur, literarische Sozia-lisation und Schule. Weinheim 1997.

Trudzinski, Meinolf: Wilhelm Busch. Die Entwicklung eines Ma-lers. In: Katalog zur Niedersächsischen Landesausstellung, Bd. 1, S. 35 ff.

Ueding, Gert: Wilhelm Busch. Das 19. Jahrhundert en minia-ture. Frankfurt a. M. 1977.

ders.: Wilhelm Busch und seine Zeit. In: Museum. Wilhelm Busch Museum, S. 68 ff., Hannover 1990.

Vaßen, Florian: Körper-Nähe und Distanz-Blick. Überlegungen zu Körper und Lachen in Wilhelm Buschs Bildergeschichten. In: Die boshafte Heiterkeit des Wilhelm Busch. Hg. von Mi-chael Vogt. Bielefeld 1988.

ders.: Er zeigt die Weste, nicht das Herz. Wilhelm Buschs auto-biographische Portraits. In: WBJb 1982, 63 ff.

Willems, Gottfried: Abschied vom Wahren – Schönen – Guten. Wilhelm Busch und die Anfänge der ästhetischen Moderne. Heidelberg 1998.

Zmarzlik, Hans- Günter: Antisemitismus im Deutschen Kaiser-reich 1871–1918. In: Die Juden als Minderheit in der Geschich-te. Hg. von Bernd Martin und Ernst Schulin. München 1981.

Verzeichnis der wichtigsten Personen

A

Adorno, Theodor W. (1903–1969): Soziologe, Philosoph, Komponist und Musiktheoretiker, Mitbegründer der Kritischen Theorie und Frankfurter Schule.

Anderson, Maria (1842–1917): Holländische Schriftstellerin und Briefpartnerin Buschs.

Angelus Silesius oder Johannes Scheffler (1624–1677): Aus lutherischer Familie in Breslau. Konversion zum Katholizismus, Mystiker.

B

Bassermann, Otto (1839 1916): Freund Buschs aus der Münchner Zeit im Künstlerverein »Jung-München«. Ab 1871 Verleger Buschs bis zu dessen Tod.

Bierbaum, Otto Julius (1865–1910): Deutscher Schriftsteller und Feuilletonist.

Böhme, Jakob (1575–1624): Schuster in Görlitz, Mystiker.

Braun, Caspar (1807–1877): Verleger der ›Fliegenden Blätter‹ und ›Münchener Bilderbogen‹, deren Mitarbeiter Busch war. Verleger von ›Max und Moritz‹. Braun war selbst Zeichner und Xylograph (Holzschneider) und betrieb in München ab 1838 ein xylographisches Atelier.

Brouwer, Adriaen (1605 oder 1606 – vor 1. Februar 1638): Flämischer Maler. Schüler von Frans Hals. Maler von Szenen aus dem Bauern- und Wirtshausleben.

Busch, Geschwister Wilhelm Buschs:

Fanny, verh. Nöldeke (l834–1922): Jüngere Schwester Buschs. Mit ihr lebte er in einem gemeinsamen Haushalt.

Gustav (l836–1888): Konservenfabrikant in Wolfenbüttel. Bei ihm hatte Busch ein Atelier, wo er bei seinen häufigen Besuchen malte.

Adolf (1838–1909): Nachfolger des Vaters in Haus und Geschäft. Buschs Verhältnis zu ihm war durch Erbschaftsauseinandersetzungen getrübt.

Otto (1841–1879): Promovierter Philologe. Er führte Busch im Hause Keßler ein.

Anna (1843–1858): Frühverstorbene Schwester.

Hermann (1845–1917): Gymnasiallehrer in Celle. Busch fühlte sich ihm besonders verbunden.

C

Chamberlain, Houston Stewart (1855–1927): Englischer Schriftsteller. Sein Buch ›Grundlagen des neunzehnten Jahrhunderts‹ (1899) wurde zum Standardwerk des rassistischen Antisemitismus.

D

Daelen, Eduard (1848–1923): Maler und humoristischer Schriftsteller. Verfasser der 1886 erschienenen Biographie ›Über Wilhelm Busch und seine Bedeutung. Eine lustige Streitschrift‹.

Darwin, Charles Robert (1809–1882): Britischer Naturforscher und Begründer der modernen Evolutionstheorie.

Dyckmans, Joseph(us) Laurent(ius) (1811–1888): Belgischer Maler, Schüler von G. Wappers in Antwerpen, Lehrer Buschs auf der Kunstakademie.

G

Gedon, Lorenz (1843 –1883): Architekt im Stil des Historismus, baute in München u. a. das Künstlerhaus der »Allotria« und gestaltete die Einrichtung des deutschen Saales auf der Pariser Weltausstellung 1878.

Geibel, Emanuel (1815–1884): Lyriker, Verfasser patriotischer Gedichte.

Gernhardt, Robert (1937–2006): Deutscher Schriftsteller, Lyriker, Satiriker, Zeichner und Maler.

H

Hals, Frans (zwischen 1580 und 1585–1666): Bedeutender holländischer Porträtmaler.

Heine, Heinrich (1897–1856): Dichter.

Heine, Thomas Theodor (1867–1948): Maler, Zeichner, Satiriker. Mitarbeiter der satirischen Zeitschrift ›Simplicissimus‹, der mit seinen sozialkritischen Zeichnungen und politischen Karikaturen die Mißstände seiner Epoche anprangerte.

Hesse, Maria (1852–1938): Briefpartnerin Buschs.

Hoffmann, Heinrich (1809–1894): Autor des ›Struwwelpeter‹. Neben weiteren Kinderbüchern verfaßte er Gedichte und Satiren. 1848 als bürgerlicher Liberaler im Frankfurter Vorparlament. Im Hauptberuf Arzt, ab 1851 Leiter der »Anstalt für Irre und Epileptische« in Frankfurt, wo er sich große Verdienste im Kampf für die Verbesserung der Behandlung psychisch Kranker erwarb.

K

Kaulbach, Friedrich August von (1850–1920): Maler, Großneffe von Wilhelm von Kaulbach, ab 1886 Direktor der Münchner Akademie.

Kaulbach, Wilhelm von (1805–1874): Maler monumentaler Gemälde geschichtlichen und literarischen Inhalts. Direktor an der Münchner Akademie ab 1849, wo Busch studierte.

Keßler, Johanna (1831–1915): Frankfurter Bankiersgattin. Langjährige Vertraute Buschs.

Keßler, Nanda (1862–1906): Tochter Johanna Keßlers. Brieffreundin Buschs.

Klee, Paul (1879–1940): Maler und Grafiker.

Kleine, Georg (1808–1897): Pastor. Onkel, bei dem Busch ab 1841 in Ebergötzen aufwuchs.

Kortum, Carl Arnold (1745–1824): Arzt und Schriftsteller. Autor der Satire ›Leben, Meynungen und Thaten von Hieronymus Jobs dem Kandidaten, und wie er sich weiland viel Ruhm erwarb auch endlich als Nachtwächter zu Sulzburg starb‹, kurz ›Jobsiade‹ genannt.

Kremplsetzer, Georg (1827–1871): Schüler von Franz Lachner, Kapellmeister, komponierte die komische Oper ›Der Rothmantel‹ (1868), Text von Heyse nach Musäus, und kleinere Bühnenwerke, u. a. ›Der Vetter auf Besuch‹ (1863), Text von Wilhelm Busch.

L

Lenbach, Franz von (seit 1882), (1836–1904): Kopist alter Meister, Karriere als Porträtmaler. Der »Malerfürst« lebte in einer prächtigen Villa, dem heutigen Lenbachhaus (Museum) in München.

Levi, Hermann (1839–1900): Dirigent und Komponist. Freund von Johannes Brahms und Clara Schumann, berühmter Wagnerdirigent.

Lindau, Paul (1939–1919): Theaterschriftsteller, Journalist und Publizist.

Wichtigste Personen

M

Macke, August (1887–1914): Maler.

Meister Eckhart (um 1260–1328): Gelehrter des Dominikaner-
ordens, Mystiker.

Menzel, Adolph Friedrich von (1815–1905): Maler, Zeichner
und Illustrator. Gilt als der bedeutendste deutsche Realist.

Meyer, Grete (1879–1974): Verwandte Buschs, mit der er einen
regen Briefwechsel führte.

N

Nöldeke, Hermann (1805–1878): Pastor, Mann von Buschs
Schwester Fanny und Vater seiner drei Neffen: Hermann,
Adolf und Otto Nöldeke.

O

Oberländer, Adolf (1845–1923): Bayrischer Maler und Zeichner,
bekannt für seine humoristischen Darstellungen.

P

Piloty, Karl von (1826–1886): Vertreter der Historienmalerei. Ab
1874 Direktor der Münchner Akademie der Bildenden Künste.

Pocci, Franz Graf von (1807–1876): Zeichner, Schriftsteller und
Musiker. Pocci verfaßte u. a. Kasperlestücke für das Marionet-
tentheater.

R

Richter, Adrian Ludwig (1803–1884): Zeichner und Maler der
Romantik und des Biedermeier. Vater des Dresdner Verlegers
Heinrich Richter, bei dem die Bilderpossen Buschs erschie-
nen.

Rubens, Peter Paul (1577–1640): Flämischer Maler und zeitwei-
lig Diplomat der spanisch-habsburgischen Krone. Einer der
bekanntesten Vertreter des Barock.

S

Schadow, Friedrich Wilhelm von (1788–1862): Maler. Großes
Atelier in Berlin mit zahlreichen Schülern. Seit 1826 Direktor
der Düsseldorfer Kunstakademie.

Schauenburg, Moritz (1827–1905): Verleger des ›Heiligen Antonius‹.

Schmidt, Christoph von (1768–1854): Katholischer Priester, erfolgreichster Jugendbuchautor seiner Zeit. Autor des Weihnachtsliedes ›Ihr Kinderlein kommet‹.

Schulz-Briesen, Eduard (1831–1891): Düsseldorfer Genremaler, Studienfreund Buschs.

Schwind, Moritz von (1804–1871): Österreichischer Maler und Zeichner. Neben Carl Spitzweg der bedeutendste Vertreter der Spät-Romantik.

Spitzweg, Carl (1808–1885): Maler und Zeichner der Spät-Romantik und des Biedermeier.

Staudenmeyer, Karl August (1808–1880): Theologe und Kinderbuchautor.

Stoecker, Adolf (1835–1909): Theologe, Gründer der Christlich-Sozialen Arbeiterpartei, antisemitischer Demagoge.

T

Teniers der Jüngere, David (1610–1690): Flämischer Maler. Hofmaler in Brüssel. Begründer der Antwerpener Akademie.

Töpffer, Rodolphe (1799–1846): Schweizer Zeichner und Schriftsteller. Erfinder der Bildergeschichte und einer der Väter des Comic.

Topor, Roland (1938–1997): Französischer Autor, Schauspieler und Maler.

Treitschke, Heinrich von (1834–1896): Historiker und Publizist.

V

Vischer, Friedrich Theodor (1807–1887): Literaturwissenschaftler, Ästhetiker und Philosoph.

W

Waechter, Friedrich Karl (1937–2005): Zeichner, Karikaturist, Autor von Kinderbüchern und Theaterstücken.

Warnecke, Friedrich (1837–1894): Heraldiker und Kunsthistoriker.

Chronologie

15. April 1832
Geboren in Wiedensahl (nordwestlich von Hannover). Dreijähriger Unterricht in der Dorfschule.

1841
Umzug nach Ebergötzen bei Göttingen zu seinem Onkel Pastor Georg Kleine, der ihn erzieht und unterrichtet. Beginn der lebenslangen Freundschaft mit Erich Bachmann, dem Sohn des Müllers.

1844
Besuch in Wiedensahl nach dreijähriger Abwesenheit.

1846
Gemeinsam mit der Familie des Onkels Übersiedlung nach Lüthorst bei Embeck.

1847
Aufnahme in die polytechnische Schule in Hannover, um auf Wunsch des Vaters Maschinenbauer zu werden.

1851
Busch verläßt eigenmächtig die Schule und geht mit seinen Mitschülern August Klemme und Carl Bornemann an die Kunstakademie Düsseldorf.

1852
Von der Düsseldorfer Akademie enttäuscht, zieht Busch nach Antwerpen. Studium an der Königlichen Akademie für Schöne Künste.

1853
Schwere Typhuserkrankung. Seine holländischen Wirtsleute pflegen den Mittellosen. Rückkehr nach Wiedensahl. Beschäftigung mit Volksmärchen, Sagen, Liedern und Bienenkunde.

1854
Erneute Aufnahme des Kunststudiums in München an der Akademie der Bildenden Künste. Schüler in der Malklasse des Akademiedirektors Wilhelm von Kaulbach. Mitglied im Künstlerverein »Jung-München«. In der Folgezeit wechselnde Aufenthalte in München, Wiedensahl und Lüthorst.

1857
Busch zieht eine Auswanderung nach Brasilien, dem Paradies der Imker, in Erwägung. Er zeichnet im Winter 1857/58 Theaterzettel für ein Liebhabertheater in Dassel und schreibt das Theaterstück ›Einer hat gebimmelt und alle haben gebummelt‹. Im Juli stirbt in Wiedensahl die Schwester Anna 15jährig an Leukämie.

1858
Busch distanziert sich von der Akademie in München. Erste eigene Einnahmen durch die Mitarbeit an den ›Fliegenden Blättern‹ und den ›Münchener Bilderbogen‹ des Verlegers Caspar Braun.

1859
Busch wird ständiger Mitarbeiter der ›Fliegenden Blätter‹. Er begleitet als Sekretär auf einem Genesungsurlaub seinen »Jung-Münchner« Freund und späteren Verleger Otto Bassermann.

1860
Text zur Operette ›Liebestreu und Grausamkeit‹ (vertont v. Eduard Heinel). Im Herbst Nikotinvergiftung.

1861
Texte zu den Operetten ›Hänsel und Gretel‹ und ›Der Vetter auf Besuch‹ (vertont v. Georg Kremplsetzer).

1862
Regisseur im Münchner Künstlerfasching zum Thema des Vereins »Jung-München« (»Die deutsche Märchenwelt«). Busch wird von Anna Richters Vater abgewiesen, als er um deren Hand anhält.

1864
Veröffentlichung der vier Bilderpossen bei Heinrich Richter in Dresden. Sie werden ein Mißerfolg.

Chronologie

1865

›Max und Moritz‹ erscheint bei Braun & Schneider in München. Beginn des großen Erfolges, an dem der mit 1000 Gulden abgefundene Autor keinen Anteil hat. In der Folgezeit Arbeit an den Bildergeschichten, parallel dazu Maltätigkeit in Wiedensahl, Lüthorst und Wolfenbüttel.

1867

›Hans Huckebein‹ erscheint im Verlag Eduard Hallberger, Stuttgart. Besuch in Frankfurt bei seinem Bruder Dr. phil. Otto Busch, der Privatlehrer und Erzieher bei der Bankiersfamilie Keßler ist. Beginn der langjährigen Freundschaft mit Johanna Keßler. Drei Aufsätze für das ›Bienenwirthschaftliche Centralblatt‹.

1868

Häufiger Gast bei der Familie Keßler. Busch nimmt mit Johanna Keßler regen Anteil am kulturellen Leben. Tod des Vaters. Atelier und Wohnung in Frankfurt am Main.

1869

Verstärkte Maltätigkeit. ›Schnurrdiburr oder Die Bienen‹ erscheint im Verlag Braun & Schneider.

1870

›Der heilige Antonius von Padua‹ (bereits 1863/64 entstanden) erscheint bei Moritz Schauenburg in Lahr. Prozeß wegen »Herabwürdigung der Religion und Erregung öffentlichen Ärgernisses«. Tod der Mutter.

1871

Freigabe des ›heiligen Antonius‹ durch Gerichtsbeschluß. Verlagsvertrag mit Otto Bassermann. Fortan veröffentlicht Busch alle seine Werke in der Friedrich Bassermannschen Verlagsbuchhandlung in Heidelberg, später in München.

1872

›Die Fromme Helene‹, ›Bilder zur Jobsiade‹ und ›Pater Filucius‹ erscheinen. Busch gibt seine Wohnung in Frankfurt auf und zieht in sein Elternhaus nach Wiedensahl. Bis 1878 wohnt Busch bei seiner Schwester Fanny Nöldeke und deren Familie im Pfarrhaus. Von Wiedensahl aus zahlreiche Reisen. Malt vorzugsweise in Lüthorst, Wolfenbüttel und München.

1873
Einführung in die Münchner Künstlergesellschaft »Allotria«, in der er in der Folgezeit verkehrt. Freundschaft mit den Malern Franz von Lenbach und Friedrich August von Kaulbach, mit dem Bildhauer und Innenarchitekten Lorenz Gedon, später mit dem Schriftsteller Paul Lindau und dem Wagnerdirigenten Hermann Levi. ›Der Geburtstag oder die Partikularisten‹ erscheint.

1874
›Dideldum!‹ wird veröffentlicht. Der Gedichtband ›Kritik des Herzens‹ erscheint und wird harsch kritisiert. Erneute Nikotinvergiftung.

1875
Beginn des Briefwechsels mit der holländischen Schriftstellerin Maria Anderson.

1875
›Abenteuer eines Junggesellen‹, der erste Teil der ›Knopp‹-Trilogie, erscheint.

1876
›Herr und Frau Knopp‹, der zweite Teil der ›Knopp‹-Trilogie, erscheint.

1877
›Julchen‹, der dritte Teil der ›Knopp‹-Trilogie, erscheint. Abbruch der Freundschaft mit Johanna Keßler für dreizehn Jahre. Atelier in München.

1878
›Die Haarbeutel‹ wird veröffentlicht. Auf Borkum Bekanntschaft mit Marie Hesse. Tod des Schwagers Hermann Nöldeke.

1879
Gemeinsamer Haushalt mit der Familie seiner verwitweten Schwester Fanny Nöldeke. Bruder Otto stirbt in Frankfurt. ›Fipps der Affe‹ erscheint.

1880
›Stippstörchen für Äuglein und Öhrchen‹ erscheint.

Chronologie

1881

Erneute Nikotinvergiftung. Eklat im Kunstgewerbehaus in München: B. stört am 12. April betrunken die Vorführung eines Hypnotiseurs. Letzter Aufenthalt in München.

1882

›Plisch und Plum‹. Bäderkur in Wolfenbüttel.

1883

›Balduin Bählamm, der verhinderte Dichter‹ erscheint.

1884

›Maler Klecksel‹ erscheint. B. beendet seine Arbeit an den großen Bildergeschichten. Intensive Hinwendung zur Malerei. Erste Lieferung der Sammelausgabe ›Humoristischer Hausschatz‹.

1886

›Über Wilhelm Busch und seine Bedeutung. Eine lustige Streitschrift‹ von Eduard Daelen erscheint. In Reaktion hierauf veröffentlicht B. die erste Selbstbiographie: ›Was mich betrifft‹ (Frankfurter Zeitung). In einer späteren Überarbeitung: ›Von mir über mich‹ (1893/94).

1891

Die Prosa-Erzählung ›Eduards Traum‹ wird veröffentlicht. Wiederaufnahme des Kontakts zu Johanna Keßler und ihren nun erwachsenen Töchtern.

1895

Erzählung ›Der Schmetterling‹. Vermutlich bereits zuvor Beendigung der malerischen Tätigkeit.

1896

Abfindungsvertrag mit Bassermann in Höhe von 50 000 Mark. Beginn des Briefwechsels mit Grete Meyer.

1898

Übersiedlung mit Schwester Fanny zur Familie ihres Sohnes, Pastor Otto Nöldeke, nach Mechtshausen im Harz. Hier entstehen noch etwa 90 Gedichte.

1902
Busch entzieht sich den Feierlichkeiten zu seinem 70. Geburtstag. Neben Kaiser Wilhelm II. mehr als 1500 Gratulanten.

1904
Der Gedichtband ›Zu guter Letzt‹ (Einhundert Gedichte) erscheint.

1905
Busch übergibt seinem Neffen Otto Nöldeke das versiegelte Manuskript ›Hernach‹.

1907
Feierlichkeiten zum 75. Geburtstag. Erich Bachmann stirbt.

1908
Wilhelm Busch stirbt am 9. Januar in Mechtshausen an Herzschwäche. Drei Tage später findet das Begräbnis auf dem Dorffriedhof statt.

1908/09
Otto Nöldeke veröffentlicht Buschs nachgelassene Werke ›Hernach‹ und ›Schein und Sein‹.

Bildnachweis

S. 8 (oben), S. 163: Privatbesitz/S. 8 (unten), 9, 16, 19, 21, 23, 25 (rechts), 26, 27, 33, 36, 37, 51 (unten), 60, 63, 64, 65, 67, 68, 75, 77, 81 (unten), 127, 128, 134, 150, 156, 158, 160: Wilhelm-Busch-Museum Hannover/Deutsches Museum für Karikatur und kritische Grafik/S. 13: aus: Wilhelm Busch. Malerei. Hg. v. Jochen Poetter, Stuttgart 1990, S. 53, 58/S. 20, 29, 73, 86, 87, 96, 113, 120, 124, 159: akg-images/S. 22: bpk/Nationalgalerie SMB, Klaus Göken/S. 25: bpk/Kurt Haase/S. 92: bpk / S. 94: bpk/Jürgen Liepe/S. 119: ullstein bild/S. 121: Artothek/S. 122: aus: Hans Georg Gmelin, Wilhelm Busch als Maler, 2. Aufl. Berlin 1981, S. 119. Der Verlag dankt Herrn Thomas Hafki und der Firma Directmedia Publishing GmbH für die freundliche Unterstützung bei den Abbildungen aus den Bildergeschichten von Wilhelm Busch.

Leider konnten nicht in allen Fällen etwaige Rechteinhaber ermittelt werden. Berechtigte Ansprüche werden im Rahmen der üblichen Vereinbarungen abgeglichen.